北京外国语大学"双一流" 2021SYLZD009

亚洲翻译

马会娟　张飞宇 编著

中国出版集团
中译出版社

图书在版编目（CIP）数据

亚洲翻译/马会娟,张飞宇编著.--北京：中译出版社,2023.9
ISBN 978-7-5001-7509-4

Ⅰ.①亚… Ⅱ.①马… ②张… Ⅲ.①翻译－语言学史－研究－亚洲 Ⅳ.①H059-093

中国国家版本馆CIP数据核字(2023)第164653号

亚洲翻译
YAZHOU FANYI

出版发行／中译出版社
地　　址／北京市西城区新街口外大街28号普天德胜大厦主楼4层
电　　话／(010) 68359827，68359303（发行部）；68359725（编辑部）
邮　　编／100044
传　　真／(010) 68357870
电子邮箱／book@ctph.com.cn
网　　址／http://www.ctph.com.cn

责任编辑／刘瑞莲
封面设计／冯　兴
排　　版／北京竹页文化传媒有限公司

印　　刷／北京玺诚印务有限公司
经　　销／新华书店
规　　格／710毫米×1000毫米　1/16
印　　张／12.5
字　　数／245千字
版　　次／2023年9月第一版
印　　次／2023年9月第一次

ISBN 978-7-5001-7509-4　　定价：59.00元

版权所有　侵权必究

中 译 出 版 社

目 录

走出"西方中心主义": 基于中国经验的翻译理论研究　　1

集体记忆的千年传唱: 藏蒙史诗《格萨尔》的翻译与传播研究　　16

跨越时空的传唱:"活态"史诗《玛纳斯》的翻译与传播　　34

现代伊朗的语言和翻译政策　　49

术语与翻译: 阿拉伯世界视角　　64

菲律宾早期翻译史　　80

土耳其的语言改革和语内翻译　　95

藏传佛教翻译史: 译者与研究述评　　109

"去西方中心主义"与全球翻译传统研究对翻译概念的描述　　122

当代日本翻译研究面面观　　134

翻译对伊斯兰出版社转型之影响　　144

亚洲翻译研究: 现状与展望　　164

走出"西方中心主义":基于中国经验的翻译理论研究

马会娟

1 引言

翻译学作为一门新学科是20世纪80年代以来在全球范围内发展最为迅猛的人文学科之一。然而,长期以来,翻译理论研究都是以欧美为主导的西方中心主义研究,导致了世界范围内文化交流和翻译研究的不平衡状态(韩子满,2004)。我国的翻译研究,尤其是理论研究长期深受西方译学研究的影响,很多研究都是以西方译论为理论指导(曲卫国,2016)。不仅如此,在我国很多高校的翻译理论教学中,无论是使用的翻译教程还是授课内容,几乎都是以西方译论为主。迄今为止,在我国翻译界,很少或几乎没有本土原创性理论,没有产生过国际上公认的中国翻译理论家,从而导致了中国翻译研究在国际上几乎处于失语或半失语的状态。这一现状与中国作为翻译大国(翻译历史长、开设翻译专业的高校多)的地位很不相称。基于这一事实,本文尝试回答以下问题:世界范围内和当代中国的翻译研究为什么会出现西方中心主义?我国当代的翻译研究如何去西方中心主义?通过探讨翻译研究中出现西方中心主义的原因,本文试图探索我国翻译理论研究中去西方中心主义的可能性,并在此基础上对翻译研究中的去西方中心主义提出建议,以推动新时代我国翻译学科的理论建设。

2 世界范围内翻译研究中的西方中心主义

翻译学是一门年轻的学科，20世纪70年代才基本确立独立学科地位，至今不过半个世纪的光景。无论是国外还是国内，真正意义上的翻译研究都是在近二三十年才取得较为显著的研究成果。世界范围内翻译研究中之所以出现西方中心主义，主要受两个因素的影响：其一，当代西方翻译研究的快速发展；其二，英语作为国际通用语的强势地位，起到了推波助澜的作用。

2.1 当代西方翻译研究的快速发展

自20世纪60年代以来，西方翻译研究学者提出了许多新概念、新的研究内容和新的研究方法，西方翻译研究出现了两大突破和新的研究范式：60年代翻译研究的语言学派兴起和70年代末开始的翻译研究文化转向，推动了翻译研究的西方中心主义。

传统上中西方译论研究都是译者经验式的总结，零散而不成系统。至20世纪60年代初，在美国翻译学者奈达（Nida）发表他的专著《翻译科学探索》（1964）之前，西方并没有产生真正科学意义上的翻译研究。奈达的这本专著之所以被后人视为现代意义上的翻译研究，与他采用语言学描写的科学研究方法，借用语言学和社会语言学较为成熟的理论、概念和分析工具来研究翻译现象密切相关。在翻译研究的语言学派理论代表人物中，奈达对西方翻译研究的影响最为深远，他的理论著作被西方翻译界视为"开启了作为学术研究的现代翻译学"（Snell-Hornby, 1988）、（Baker, 1998）。可以说，奈达理论是西方现代翻译学的滥觞，其提倡的翻译科学研究在欧洲被翻译学者广为接受。德国著名翻译学者威尔斯（Wilss）将其70年代末发表的翻译学理论著作直接命名为《翻译科学：问题与方法》（*The Science of Translation: Problem and Methods*），奈达的翻译理论观点对其影响由此可见一斑。

借助西方语言学在20世纪五六十年代的快速发展和取得的研究成果，语言学派翻译学者尝试采用语言学研究的科学方法，深入探索翻译转换中的语言问题，开始系统构建语言学派的翻译理论。语言学派翻译学者强调对等、忠实、准确等概念，认为译文应传达与原文完全相同的意思和效果，关注译文如何实现等值、等效等问题。可以说，对等范式是语言学派翻译研究的核心范式。这一范式在20世纪80年代之前基本上主导了西方的翻译研究。

然而，自20世纪70年代末以来，欧洲低地国家的一些学者开始从社会文化交流的角度重新审视翻译，挑战语言学派翻译研究的对等范式。他们认为，翻译并不是发生在真空中的语言转换活动，而是在一定社会历史背景下的跨文化交流活动，受赞助人、意识形态、译入语诗学等多方面因素的影响。这些研究者主要来自比利时、荷兰等欧洲低地国家，也包括一些在英美从事比较文学和翻译研究的学者，如英国学者赫曼斯（Hermans）和美国学者铁莫志科（Tymoczko）。他们关注翻译文学在目标文化中的地位、作用以及翻译文学在异国的接受和影响等问题，不再关注原文和译文之间的翻译对等问题。他们摒弃语言学派的对等研究范式，将翻译活动纳入翻译发生的社会文化历史语境中进行考察，关心翻译文本产生和接受过程中的翻译规范和社会制约因素，从而拓宽了翻译研究的范围。国际期刊《目标》（*Target*）在20世纪80年代末的创刊标志着翻译研究的文化研究范式得到了学界的广泛认可，它由这一学派的领军人物以色列学者图瑞（Toury）创立，刊发的论文主要探讨翻译作为目标文化中的文化产品与意识形态、诗学和赞助人等社会制约因素之间的种种复杂关系。在文化研究范式的影响下，语言学学派的对等范式受到批判，西方的翻译研究转向了文化学派的描写研究范式，传统的语言学途径的规定性研究逐渐过渡到文化研究视角下的现当代描写性研究。近些年兴起的社会学翻译研究也是进一步延续了文化研究的范式。可以说，西方翻译研究近几十年来取得的显著成果引领了世界翻译研究的潮流，但是同时也造成了翻译研究中的西方中心主义。

2.2 英语作为国际通用语的强势地位,起到了推波助澜的作用

在人文学科领域,学术成果产生影响的重要途径是学术期刊论文和学术专著,尤其是国际知名出版社出版的学术专著和国际上公认的顶尖期刊发表的学术论文。翻译学虽然是一门新兴学科,但自20世纪80年代以来,国际上先后涌现出十几种翻译研究期刊,为翻译学者提供了学术交流的平台,推动了翻译学科在全球范围内的快速发展。然而,国际上最有影响的翻译学期刊所要求的写作语言基本上都是英语。而且在这十几种有影响的国际翻译期刊中,除了国际译协会刊《巴别塔》(*Babel*)和服务亚太地区读者的《视角》(*Perspectives*)会发表少量欧美以外学者的翻译研究论文外,其他期刊很少或几乎不刊登包括中国在内的非西方翻译理论研究成果。以国际期刊《目标》为例,该刊创始人图瑞曾总结了20年来在《目标》上发表论文的学者的国籍情况(见下表)(Toury, 2009):

表1 国际期刊《目标》上论文作者的国籍情况

排名	论文作者国籍	发文数量/篇	占论文总数百分比/%
1	德国	33	12.0
2	英国	32.5	11.8
3	比利时	27.5	10.0
4	芬兰	26	9.4
5	以色列	23	8.3
6	西班牙	21	7.6
7	美国	13	4.7
8	法国	10	3.6
9	中国香港	9	3.2
		195	70.9

从上表可以发现，该刊发表的所有论文中，67.4%以上的论文作者（发文量高居前8名的）几乎全部来自欧美，分别为德国、英国、比利时、芬兰、以色列、西班牙、美国和法国。其中，中国香港学者的论文占比3.2%，而没有一篇中国内地学者的论文。这些论文（除了中国香港地区）几乎都是以欧美各国的翻译实践活动为研究对象。可以想象，研究结论基本上也都是以欧美为中心的翻译理论。

20世纪80年代以来，国际知名出版社［如本杰明（John Benjamin）、劳特里奇（Routledge）］连续多年持续推出翻译研究图书文库系列，其主编多是在国际上活跃的欧美学者。本杰明翻译研究图书文库的三任主编分别是芬兰的甘比尔（Yves Gambier）、以色列的图瑞和西班牙的维勒迪昂（Roberto A. Valdeón）。劳特里奇翻译研究图书文库的主编分别是英国的赫曼斯（Theo Hermans）和芒迪（Jeremy Munday）。国际翻译研究学术著作的出版几乎被这两家出版社垄断，而这些出版社都要求用英语写作。其他欧洲语言（如德语）原创的翻译理论成果，也必须译成英语才能产生世界范围内的影响。最典型的例子是德国的功能翻译理论在国际上的传播。该理论早在20世纪70年代的德国就由弗米尔等学者提出，但是直到90年代第二代功能翻译理论代表人物诺德用英语在其专著《翻译作为有目的的活动：功能翻译理论解析》(*Translating as a Purposeful Activity: Functional Approaches Explained*)中对该理论加以介绍后，德国功能翻译理论在世界范围内（包括在中国）才开始产生显著影响。值得一提的是，诺德的著作在中国出版后，其理论在中国风靡一时，迄今仍是众多高校翻译学研究生在撰写毕业论文时使用最多的理论之一。

当前我国很多高校为了建设一流大学和一流学科，鼓励教师在国际期刊上发表论文，以达到科研上与国际接轨。这无可非议，科研成果应该达到与国际同行对话的程度。但遗憾的是，不少大学科研机构提出一篇国际期刊论文相当于2至3篇国内核心期刊论文，或给予超出国内发表论文数10倍的奖励。这本身就有问题，反映了中国高等教育的不自信，助长了英语的学术话语霸权。学术论文看重的应该是论文的质量，而不是用什么语言写作，发表在哪里。

3　中国翻译研究中的西方中心主义

前文提到，20世纪60年代以前，无论是中国还是西方都没有出现过严格意义上的翻译学研究（对翻译现象进行的科学研究）。在西方开始进入语言学派翻译研究发展期时，中华人民共和国成立初期的历次政治运动以及十年"文革"使得中国的翻译研究几乎处于停滞状态。直到80年代初，国内才出版了由《翻译通讯》(《中国翻译》前身)编辑部编辑的两卷本《翻译研究论文集》，分别收录了1894至1948和1949至1983年间中国学者撰写的翻译论文。1994年，杨自俭在前者的基础上又编选了新的翻译论文集《翻译新论：1983—1992》，收录了自改革开放以来至90年代初中国学者发表的翻译研究论文。但是，这些论文中有很多仍然是主观的翻译经验之谈和翻译技巧讲解。在这本书的后记里，编选者解释了该书名为什么不用《译学新论》："关于书名也颇费了一些时间。开始用《翻译论集》……中间曾受同志们启发改用《译学新论》。后来想，翻译学在我国还不能说已经建立，大家认为还只是建立了理论框架。在这种情况下叫译学新论，恐怕名不副实。最后就定了现在这个名字（杨自俭，刘学云，1994：819）。同时，杨自俭提到，在中国，翻译研究的"科学派（或称语言学派）至今尚未形成"（同上：7）。中国翻译界传统上重翻译实践，轻理论研究："译界长期认为翻译不需要理论，也没有理论"（同上：5）。如果认为西方现代翻译研究始自奈达的专著《翻译科学探索》(1964)，而中国学者有意识的翻译研究探索阶段性总结始自《翻译新论》(1994)，那么中国的翻译研究至少滞后西方30年。实事求是地说，中国翻译研究早期所取得的成就很大程度上得益于20世纪80年代以来大量引进的西方翻译理论学术成果。然而，遗憾的是，中国翻译研究中的西方中心主义也与西方译论的大量引进密切相关。

西方翻译研究著作大量引进中国始于20世纪80年代，其在中国的出版和传播经历了两个阶段：20世纪八九十年代的编译、译介和21世纪初至今的原版引进和中文翻译。在我国，20世纪八九十年代主要有两家出版社从事西方翻译理论丛书的译介工作。中国对外翻译出版公司（现在的中译出版社）80年代初出版了一系列西方翻译理论丛书，包括《外国翻译理论评价文集》（1983）、《奈达论翻译》（1984）、《语言与翻译》（1985）、《文艺翻译与文学交流》（1987）、《通天塔——文学翻译理论研究》（1987）等。作者主要是苏联、英国和美国的翻译学者，选择的图书偏重语言学派的翻译理论，主要形式是编译。湖北教育出版社出版的国外翻译理论丛书，主要是英语和法语国家的翻译理论，由中国学者对这些西方国家的翻译理论的主要流派和核心观点用中文进行较为系统的介绍。20世纪90年代末，笔者在翻译师资颇为雄厚的南开大学读博士时，图书馆里很少能读到国外的原版翻译理论著作，课堂上使用的都是中国学者编译的西方翻译理论丛书。记得当时最为流行的教科书是谭载喜编译的《奈达论翻译》。奈达理论因其与翻译实践密切相关，在当时的中国大陆颇为流行。就连笔者的博士论文也是研究奈达的翻译理论。为什么研究这个话题呢？原因是20世纪80年代末90年代初，翻译界出现了"言必称奈达"的现象；而到了90年代末，随着我国学者走出国门和更多翻译理论图书的引进，奈达的翻译理论日益遭到摒弃，出现了"言必称奈达理论之缺陷"的现象。90年代末，中国翻译界出现了"翻译理论研究的沉寂期"（林克难，2000）。最根本的原因就是八九十年代开始引进的，以对等、等值为核心的西方语言学派翻译理论日益受到中国学者的质疑，而新的西方翻译理论又没有及时引进到中国，因而一时出现理论空缺。由此可见，当时的中国翻译研究界过分依赖西方翻译理论。

进入21世纪以来，我国的翻译研究取得了很大进展。学界开始对西方语言学派的翻译理论不断提出质疑，认为西方语言学派的翻译理论过于强调"等值""等效"，束缚了翻译研究作为一门学科的发展。与此同时，上海外语教育出版社和外语教学与研究出版社也开始系统引进原版西方翻译理论丛书。前者推出的《国外翻译研究丛书》自2001年至今已引进30余本，后者自2005年始先后推出了《当代西方翻译研究译丛》和《外研社翻译研究文库》。这些西方翻译理论丛书的引进和出版，对于高校从事翻译研究和翻译教学的学者来说不啻为福音，解决了国内翻译教学原版参考书多年匮乏的困境，推动了中国翻译研究走向多元化研究路径。但是，这些出版社所译介和引进的翻译理论著作基本上都是英国、法国、德国等西欧国家学者以及美国和加拿大学者的翻译研究成果，一定程度上导致了中国翻译研究的西方中心主义，使得中国学者聚焦于欧美的翻译理论研究，而忽视了其他亚洲国家（如日本、韩国、印度）以及非洲各国的当代翻译理论研究成果。

此外，中国翻译研究中呈现出的西方中心主义还与我国的翻译教学和研究传统相关。在我国，翻译教学与外语教学关系密切，翻译课程一般都设置在高校外语院系。外语（主要是英语）背景的教师在开设翻译理论课时一般都会选择西方译论作为授课的材料和内容，从而导致了翻译理论教学中呈现出一边倒的西方中心主义。以北京外国语大学开设的翻译学研究生课程为例，课程名称虽然为"当代翻译研究"，原则上应该既讲授西方翻译理论，也讲授中国或东方翻译理论，但是多年来，学生们使用的教材或阅读材料都是西方学者编写的西方翻译理论教程，如芒迪的《翻译学概论》和甘茨勒的《当代翻译理论》。可以说，首先，我国高校开设的翻译理论课程主要以西方译论为主，北京外国语大学不会是个例。其次，我国的翻译教学传统上一直重实践，轻理论研究。近些年来翻译硕士大规模招生，招生高校目前已近270所，然而与此很不相称的是，很多高校没有或缺乏受过专业翻译学科训练的教师来从事理论教学。最后，在翻译理论研究中，我国一直非常强调应用翻译研究。从我国寥寥可数的翻译期刊来看，这一点尤为明显。《中国翻译》是中国翻译协会的会刊，其宗旨并不是纯学术性的，还需要兼顾行业。在《中国翻译》设置的栏目中，应用翻译研究占压倒性的优势（Zhao & Ma, 2019）。其他两种期刊（《上海翻译》和《中国科技翻译》）也都是翻译协会的会刊，办刊宗旨和栏目侧重的也都是应用翻译研究。这在一定程度上制约了翻译研究作为一门学科在中国的发展。

由上可见，一方面，中国翻译研究长时间以来无论是资料来源还是翻译理论教学，都一直依赖国外的翻译理论，缺乏本土原创翻译理论建设的氛围；另一方面，无论是传统上我国学界对翻译理论的不够重视，还是为数不多的翻译期刊发表的论文过于青睐应用翻译研究，都使得中国的翻译理论研究缺乏健康发展的有利环境。在这种情形下，中国当代的翻译研究呈现出西方中心主义也就不难理解了。

4 基于中国经验的当代翻译研究对象

任何科学研究都需要明确的研究对象。翻译研究也不例外。中国有着悠久的翻译历史，存在着欧美所没有的独特的翻译现象，就这些现象进行深入的分析和科学的研究会获得迥然不同于西方翻译研究的成果。下面仅就笔者当前所关注的具有中国特色的翻译实践活动研究进行阐述。

4.1 翻译方向：独特的译出现象

按照国际惯例，译者的翻译方向是译入而不是译出，即译者一般情况下都是译入母语。这是因为译者如果不是在双语或多语环境下成长，并且自然习得或掌握了双语或多语，其后天习得的语言能力很难超过其母语的运用。尽管国际惯例对译者有这样的要求，但是在中国，不论是在历史上还是在当下，翻译活动实践的方向都是双向的，而且具有文化意义的译出翻译实践并不乏成功的案例。不仅历史上早期的佛经翻译主体都是以西域僧人为主，而且民国时期和新中国成立后有影响的中国文化外译期刊《天下》和《中国文学》，其翻译主体基本上都是由母语是汉语的译者群体构成，其中包括汉英翻译家林语堂和杨宪益。20世纪30年代在英语世界与林语堂齐名的另一位中国学者熊式一，是第一个将我国京剧《王宝川》翻译成英语并搬上英美舞台的译者。他的翻译不仅被英国评论界认为是"丰富了英国文学"，其译作甚至被认为可以和英国译者菲茨杰拉德翻译的波斯诗人的《鲁拜集》相媲美，而且剧本还被搬上了英美舞台，在英国伦敦连续上演三百多场，后来又在美国东西海岸巡演，成为轰动一时的文化现象（马会娟，2017）。此外，我国国家领导人的作品的外译，包括《毛泽东选集》《邓小平选集》以及《习近平谈治国理政》的翻译，都是由中国译者以集体翻译的形式翻译为外语的。当下中华学术作品外译和中国百部经典京剧外译等国家项目翻译工程也都是以我国译者为主体开展的对外翻译活动。

以上这些翻译实践,其翻译方向都是译出,译者都是译入语为非母语的中国译者。对这些译者以及译作进行研究得出的结论,应该完全不同于西方学者对译入母语的译者及译作的研究得出的结论。基于中国翻译经验的翻译研究应该也必须带有中国特色。而且,针对中国翻译研究对象得出的结论也会迥异于根据西方翻译现象得出的结论。例如西方学者提出的重译假说都是基于译入母语的重译,这一假说并没有考虑到中国的特殊译出翻译实践活动,很难说具有普适性。

4.2　中国丰富的民族翻译实践活动

中国是一个多民族国家,丰富多样的翻译实践活动不仅存在于汉语和外语之间,还存在于汉族与其他少数民族之间,我国境内少数民族之间以及境内外同一或不同民族之间。以我国三大少数民族史诗《玛纳斯》《格萨尔》和《江格尔》为例,这些史诗的翻译实践活动有很多独特之处,值得研究的内容很多。这三大史诗含有古典或传统口头史诗的几乎所有元素,推翻了黑格尔所谓的"中国无史诗"的论断,而且至今仍被民间歌手传唱,是典型的"活态"史诗。"西方的经典史诗基本上已经书面化了,成为书面史诗,目前在民众中已鲜有口传。然而,我国绝大多数的史诗仍然是'活态'史诗,仍以口头形式传承着。"(仁钦道尔吉、郎樱,2017:5)英国著名的史诗研究学者哈图指出,"今天不可能在德国找到演唱《尼伯龙根》的歌手,在希腊找不到表演《奥德赛》的表演者,但可以很轻易地找到柯尔克孜族的史诗演唱歌手。为了深入理解只有文本形式的希腊古典史诗以及中世纪日耳曼民族史诗,我们需要研究(中国的)'活态'史诗传统。"(Hatto, 1990: xx)

下面我们仅以史诗《玛纳斯》及其翻译为例来阐释中国史诗翻译的独特性。数千年来,《玛纳斯》一直被柯尔克孜族的艺人口头传唱着,被誉为柯尔克孜族民族文化的"活化石"。19 世纪中叶以来,《玛纳斯》才从口头形式被书面记录下来,开始进入域内翻译和域外翻译传播的阶段(梁真惠,2015)。然而,无论是域内翻译还是域外翻译,中国史诗翻译都面临着翻译过程中如何保留"活态"史诗本来面目这一独特问题：史诗的口头表演特征、语言诗性特点以及文化表征功能如何才能更好地在翻译中得以保留？对史诗进行书面转写和编译时，如何在内容的取舍上避免破坏原作的叙事艺术和口头表演特征？如何在译文中既体现史诗的集体记忆又再现民间艺人的个人演绎？口头传唱的史诗在进行转写、转译时对翻译结果会产生何种影响？回答这些问题都触及翻译研究中的一些基本概念问题：如被转写的口头史诗和传统上的原文之间的关系，转写口述、书面翻译如何保留中国史诗的活态性特点，等等。而这些问题在以前或当下的西方翻译理论研究中都很少或几乎没有涉及。基于中国独特的民族史诗翻译进行的翻译研究，得出的研究结论肯定迥异于西方翻译研究成果，具有鲜明的中国特色，从而进一步丰富世界史诗翻译研究。

5 翻译研究如何去西方中心主义？

近些年来，世界各国的翻译研究都取得了一些进展，出现了翻译研究的"国际转向"。在国际翻译研究界，有少数西方学者开始关注欧美以外的翻译研究传统，去西方中心主义（decenter Eurocentrism）逐渐成为国际翻译研究的一种趋势。2014年，国际著名翻译研究期刊《翻译学研究》（*Translation Studies*）组织了"翻译研究普适性"的大讨论，参与讨论的国际知名学者认为，当代国际翻译研究长期以来都是以英美学者为主的、带有西方中心主义偏见的研究，非欧美国家的翻译研究几乎处于失语或半失语状态。为了打破翻译研究中的西方中心主义，非欧美国家的翻译研究者呼吁学界对东方各国翻译传统和翻译研究进行关注，以弥补当下国际翻译研究东西方学术交流的不平衡状态（Tymoczko, 2014; Wakabayashi, 2014; Batchelor, 2014）。美国学者甘茨勒认为，在全球化时代，东方各国的翻译理论研究显得愈益重要，将会极大地丰富世界翻译理论研究（Gentzler, 2015）。

当前，国际上知名出版社如本杰明和路特里奇的当代翻译研究系列丛书也开始陆续出版东方各国当代翻译理论研究著作，如《亚洲翻译传统》

《非洲翻译研究》《现代日本早期的翻译文化史》《土耳其翻译的政治和诗学》等。西方学者也开始有意识地克服翻译研究中的西方中心主义，关注弱势文化或边缘文化的翻译研究成果，如英国学者赫曼斯编选的论文集《翻译他者》（上下卷）、《跨文化侵越》中都突出了非欧美国家的学者在多元文化背景下的翻译研究成果。

除了国际社会的努力，香港学者孔慧怡、张佩瑶、陈德鸿和王宏志等近些年来也都陆续推出了以中国翻译实践活动为基础的研究成果，为中国翻译研究的去西方中心主义做出了贡献。但是要进一步推动中国翻译研究的去西方中心主义，我们还需要更多的中国学者，特别是内地学者的共同参与。对此，笔者尝试提出以下四点建议：

第一，对本国翻译实践现象展开深入研究，产出原创性翻译理论研究成果。正如前文提到的，中国翻译实践活动丰富多样，而且很多具有中国特色。中国学者可以对本国的翻译实践现象进行深入研究，在此基础上产出原创性的翻译理论研究成果。谢天振提出的译介学理论可以说是一个很好的例子。译介学理论基于创建者对中国翻译文学的归属性问题的思考，明确了翻译文学的性质以及归属，揭示了翻译的跨文化交际性质，创造性地提出了翻译研究应该超越文本等理论概念。

第二，译介当代东方翻译理论研究成果，开展东西译论比较研究。引进国外权威出版社出版的当代东方翻译理论研究成果，进行翻译和研究，加深我国学者对东方翻译理论研究的历史和现状的认识，了解我们的邻国及东方各国的翻译历史传统和当代翻译理论研究现状。在此基础上，开展东西译论比较研究可以有效地消解翻译研究中的欧美中心主义霸权。中译出版社 2018 年出版的《历史上的译者》以及 2021 年推出的《亚洲翻译文化传统》两本图书就是一个良好的开端。它们都是世界各国的翻译学者合作推出的非西方翻译理论研究成果，有助于我们更全面地理解翻译这一古老的现象和进一步开展深入研究。

第三，加强对西方译论的批判性思考和适用性研究。中西方翻译理论的研究有其共性问题，也会因研究对象的不同而存在差异。在译介和运用西方翻译理论研究中国的翻译现象时，我国学者需要全面深入地了解西方译论提出的社会历史背景和针对的研究对象，不能只采取拿来主义，更应该在拿来的基础上，对西方译论进行批判性的思考，指出其局限性和存在的问题，探讨其在中国语境下的适用性研究。

第四，对外译介基于中国独特翻译现象的中国学者的研究成果。近些年来，中国学者也发表了不少优秀的基于中国翻译实践活动的学术论文和专著。但是由于语言不通，西方学者对中国的翻译研究成果，特别是中国的翻译史研究了解很少。要在世界范围内开展去西方中心主义，我们还有必要向国际翻译界介绍基于中国独特翻译现象的研究，在国际知名出版社推出优秀的中国翻译研究学术著作和论文集。

当然，以上四点建议仅是个人的思考，中国翻译研究中的去西方中心主义还有更多的途径和方法。

6 结语

从上文的论述中可以看到，世界范围内和中国翻译研究中出现西方中心主义都有其特定的历史背景和缘由。在新的历史时期，在翻译学作为一门独立的二级学科在体制上已经得到国家认可的情况下，特别是在国家"一带一路"倡议的大背景下，中国的翻译研究要取得更大的成就，参与国际对话，中国学者就不能只关注和研究以欧美为中心的西方翻译理论。我们更应该了解和研究我国自身的翻译历史和翻译实践活动，了解和研究翻译历史文化传统及地域上与我国相近，而与西方大相径庭的东方各国的翻译理论研究，特别是开展基于中国翻译活动实践的研究，从而推动我国和"一带一路"沿线国家的文化交流，促进我国的翻译学科理论建设，挑战西方翻译学术话语权，增强文化自信。

最后需要指出的是，翻译研究在去西方中心主义的过程中，我们要注意避免两种倾向：一是避免文化自卑，对于我国及东方各国的翻译理论研究要有文化自信，研究坚持从问题出发，而不是简单套用西方翻译理论来解释中国的翻译现象；二是避免文化自大，对于西方翻译理论，我们仍需要及时了解国外研究的最新进展，批判性地学习和借鉴西方研究成果的精华。不能因过分强调中国翻译实践的特殊性，就对翻译研究中的一些共性问题、国外学者提出的新的研究方法、新的理论范畴和新的概念等充耳不闻，视而不见，避免翻译研究的自说自话、画地为牢。我们期待着中国学者产出更多的具有中国特色的翻译研究成果来丰富世界翻译理论。

【参考文献】

Baker, M. *Routledge Encyclopedia of Translation Studies* [G]. London: Routledge, 1998: 277.

Batchelor, K. Response [J]. *Translation Studies*, 2014 (1): 338-343.

Gentzler, E. Translation without Borders [EB/OL]. (2015-09-25) [2018-08-04]. http://translation.fusp.it/articles/translation-without-borders.

Hatto, A. *The Manas of Wilhelm Radloff: Re-edited, Newly Translated and with a Commentary* [M]. Wiesbaden: O. Harrassowitz, 1990: xx.

Snell-Hornby, M. *Translation Studies: An Integrated Approach* [M]. Amsterdam: John Benjamins, 1988: 1.

Toury, G. Incubation, Birth and Growth: Observations on the First Twenty Years of Target [J]. *Target*, 2009 (2): 189-207.

Tymoczko, M. Response [J]. *Translation Studies*, 2014 (1): 104-107.

Wakabayashi, J. Response [J]. *Translation Studies*, 2014 (1): 100-103.

Zhao, Y. & Ma, H. Mapping translation studies in China based on Holmes/Toury Map [J]. *Forum*, 2019 (1): 99-119.

韩子满．从边缘到中心——浅论西方中心主义与翻译理论建设［J］．四川师范大学学报：社会科学版，2004（01）：87-91.

梁真惠．《玛纳斯》翻译传播研究［M］．北京：民族出版社，2015.

林克难．翻译教学在国外［J］．中国翻译，2000（02）：56-59.

马会娟．熊式一与中国京剧《王宝川》的文化翻译［J］．外语学刊，2017（02）：85-91.

曲卫国．剪不断、理还乱的西方中心主义情结——论后殖民翻译理论的局限

[J]. 山东社会科学, 2016 (10): 33–38.

仁钦道尔吉, 郎樱. 中国史诗 [M]. 南京: 江苏凤凰文艺出版社, 2017: 5.

杨自俭, 刘学云. 翻译新论: 1983—1992 [M]. 武汉: 湖北教育出版, 1994.

集体记忆的千年传唱：藏蒙史诗《格萨尔》的翻译与传播研究

王宏印　王治国

1　引言：走近中国活态史诗《格萨尔》

《格萨（斯）尔》是我国藏族和蒙古族共同创造的一部长篇英雄史诗，藏族称为《格萨尔》，蒙古族称为《格斯尔》，本文统称《格萨尔》。《格萨尔》是在藏族古老的神话传说、历史记忆（可追忆到6至9世纪）的基础上逐渐形成，其中不仅渗透了当地的风俗习惯、传说故事、歌谣谚语，而且受到原始的自然崇拜、苯教和佛教信仰（藏传佛教、喇嘛教）等意识形态的影响，体现了口头传承和文本书写的多渠道民间创作和多元文化共同模塑的特点。其基本的诞生和传播路线是从藏族到蒙古族地区，经过长期的民间创作和流传，形成多语种史诗版本的复杂格局。中国社科院格萨尔研究专家降边嘉措在《格萨尔》前言中，对这部史诗作了高度评价和概述总结：

《格萨尔》不仅是一部优秀的文学作品，而且有很高的学术价值和认识价值，对于古代藏族社会生活的各个方面，如人民的经济生活、宗教信仰、风俗习惯等，都作了生动而真实的描绘。同希腊史诗和印度史诗一样，《格萨尔》是世界文化宝库中一颗璀璨的明珠，是中华民族对人类文明的一个重要贡献。与世界上其他一些著名的英雄史诗相比，《格萨尔》有两个显著特点：第一是活，她世代相传，至今在藏族群众、尤其是农牧民当中广泛流传，深受群众喜爱，是一部活形态的英雄史诗，也是一部典型的非物质文化遗产。第二是长，她是世界上最长的一部英雄史诗，有120多部、100多万诗行、2000多万字。（降边嘉措、吴伟，2008：序言）

一千多年以来，史诗《格萨尔》不仅以口头传承的方式，而且以众多手抄本、木刻本和说唱本的形式，流传在我国藏族、蒙族、土族、纳西族等地区和印度、不丹、尼泊尔、锡金以及苏联的卡尔梅克、布里亚特等国家和地区，产生了越来越多的异文本，可以说，几乎每一个说唱者都有自己的异文本。这些异文本的存在，既说明了活态史诗具有流动性和变异型的特点，又说明了它具有广泛的群众基础和众人参与创作与传播一体化的基本性质。特别是19世纪以来，《格萨尔》在世界上的流传日趋广泛，先后出现了德、俄、英、法、日等语言文学的翻译本，日益受到世界人民的喜爱。随着各种译本的进一步传播，《格萨尔》在国际上也逐渐享有崇高的声誉，一些西方学者称它为"东方的荷马史诗"。事实上，随着人们对史诗等民间文学的重视和系统而专门的史诗研究，尤其是关注到《格萨尔》的多语种翻译和对外传播的研究，一门新兴的学科——"格萨尔学"已经诞生，[①] 而且已经成为国际"藏学"和"蒙古学"重要的研究领域之一。《格萨尔》的千年传唱、成功"申遗"[②] 和走向世界，翻译发挥着无法替代的作用，而《格萨尔》跨地区、跨语种、跨民族、跨语言的翻译和传播研究，已经成为一项新颖而独特的研究课题。

---

① 其标志是以下事件：1989年到2006年陆续召开了六届国际《格萨（斯）尔》学术研讨会；由赵秉理主编的五卷本辉煌学术专著《格萨尔学集成》于20世纪末由甘肃民族出版社出版发行；由王兴先主编的大型系列丛书《格萨尔文库》的陆续出版；等等。

② 2006年，《格萨（斯）尔》被列入第一批国家级非物质文化遗产代表作名录。2009年9月，"格萨（斯）尔史诗传统"被联合国教科文组织列入《人类非物质文化遗产代表作名录》。

2　集体记忆与族群认同：《格萨尔》的民译与汉译

《格萨尔》等一批中国少数民族史诗的发现，有力地推翻了黑格尔"中国无史诗"的论断。这样一部宏大史诗的存在本身就具有极高的学术价值和研究价值，《格萨尔》翻译又产生了许多理论问题。首先是关于"活态史诗"的认识问题。毫无疑问，史诗传承作为口头文学的典范，表现为说唱艺人的口耳相传，与之并行的便是各民族语言之间的翻译，即我们所谓的"民译"。由于史诗的原初形态是民间口头文学，口译在其流传之始就自然而然地开始了，而且可能伴其流传与书面翻译的始终。正如扎西东珠在《谈谈〈格萨尔〉的翻译问题》一文所述：

> 我国古代藏族人民集体创作的英雄史诗《格萨尔》何时被口译为蒙古语、土族语、裕固语、撒拉语等别的民族语言的，已无从查证。但从土族、东部裕固族、撒拉族当代艺人先用藏语吟唱史诗的韵文部分，再用本民族语言进行解释、叙述（并非单纯地解释藏语唱词，而是在解释的同时又加述了许多具有本民族古老文化性质的新内容）的情况看，口译是这部史诗他民族化的必要过渡。（扎西东珠，2004：87）

可见，《格萨尔》一经诞生，它的口译活动就开始了，甚至可以说，史诗的传唱本身就是它诞生和演变的过程，而且很可能也是口译活动的过程。但是，由于原始的说唱现场的录音录像的条件事实上已不具备，今天的研究只能从现代的演唱现场开始（但已不是原始的演唱了）。实际上，结合《格萨尔》的具体流布传播情况来看，口译和笔译这两种译介方式或单独使用，或交替使用，或同时并用，表现为极为复杂的关系。只是随着手抄本、木刻本的流抄，才出现了正式的文字翻译和书面文本形式。

在民族地区的诞生和早期流传，构成《格萨尔》极为特殊的原始存在样态。因此关注《格萨尔》首先在西藏本地区的传播与变异，然后是从西藏到蒙古地区的传播途径，是最具有原始意义的研究课题。这中间既有原发史诗的原生态问题，也有传播与变异过程中新出现的问题。我们发现，蒙古族的史诗演唱和传承方式，与藏族地区略有不同。一般说来，藏族地区的史诗演唱者多凭借神授和托梦等灵感机制，具有更多的个人创作的随意性和文本的变异性，而蒙古族的史诗传唱却有明显的师承关系，因而传播有序，在文本上比较固定和成形。这也许有助于说明《格萨尔》最早的民译本是蒙古族地区传播的诸本子。1716 年（清康熙 55 年），在北京用木刻刊印了《格斯尔可汗传》，一般称为"北京木刻版"《格斯尔》，共 7 章，这是个不完整的本子，但因它发现最早，影响较大，可视为国外多种语言译本的源本。1954 年，在北京隆福寺大街大雅堂旧书店发现了一部 6 章本的蒙文版《格斯尔》，又称"北京隆福寺竹板本"，它和"北京木刻版"合起来就成了首尾一贯的 13 章蒙文本。在蒙古族地区流传着多种版本，究竟是哪一部最早由藏文（或藏人的口头说唱）译为蒙文的，中外学术界尚无定论，一般认为"北京木刻版"为最早的蒙文译本。

最早将《格萨尔》由藏文汉译的学者，是我国藏学研究先驱者之一，著名历史地理学家、民族学家任乃强先生（1894—1989）。1930 年 12 月《四川日报》副刊上发表了关于《格萨尔》的第一篇译介文章《藏三国》。文章是用当时通行的半文言半白话文体，根据藏文原本朗读的记录汉译的《降魔》这一段故事。译文虽然只有 1500 字，但它是国内最早的《格萨尔》藏文的汉文译介本，揭开了《格萨尔》汉译的序幕。几乎在《格萨尔》藏文本汉译的同时，蒙文《格斯尔》的汉译工作也在同步展开。1953 年，作家出版社出版了 1716 年"北京木刻版"的汉译本《格斯尔的故事》（上册）；1955 年，内蒙古人民出版社出版了 1954 年"北京隆福寺竹板本"的汉译本《格斯尔的故事》（下册）。1959 年，人民文学出版社出版了由琶杰说唱、安柯钦夫翻译的《英雄格斯尔可汗传》。1960 年，人民文学出版社出版了由桑杰扎布翻译的《格斯尔传》，该译本具有重要的翻译研究价值。虽然译者根据蒙文本译出，但在审阅译稿时又根据苏联学者科津（S. A. Kozin）的俄文本做了校订，内容基本上和俄译本是一致的，而俄译本则是根据 1716 年"北京木刻版"蒙文翻译而成的。这样一个复杂的翻译参照过程,构成《格萨尔》翻译的复杂格局,即经历了由蒙文→俄语→汉文→蒙文的翻译过程,其中包括了极为复杂的"往复翻译"因素,构成一个十分重要的研究课题。

3 跨界旅行与异域传播:《格萨尔》的外译与英译

如果说在中华多民族文学翻译史的大背景下,汉、藏、蒙语之间的《格萨尔》民译和汉译是域内翻译的话,那么,《格萨尔》的外译则属于典型的域外翻译了。就书面文本的翻译而言,《格萨尔》的外译可追溯到 1716 年首次以文本形式刻印出版的"北京木刻版"蒙文本的翻译。令人吃惊的是,国外介绍和研究《格萨尔》,并非自藏语本始,而且也不一定遵循一个固定的翻译路线,例如从中文出发进行外文翻译。但是无论如何,《格萨尔》的域外翻译,至今已经有二三百年的历史,其部分章节早已译成英、俄、德、法等多种文字。据统计,自 1776 年和 1893 年蒙、藏文版《格萨尔》开始译介到欧洲的 200 多年以来,国外已用蒙文、俄文、英文、法文、德文、印地文、乌尔都文、西班牙文、日文出版的《格萨尔》版本 150 多种,发表《格萨尔》研究论著 300 多部(篇)。(赵秉理,1990:9)大体说来,《格萨尔》的外译与英译经历了几个不同的阶段,或者说体现了不同的翻译传播路线。

3.1 俄罗斯汉学家的开启之功

也许是由于地域上接近的缘故,《格萨尔》的域外传播首先从横跨欧亚大陆的俄罗斯开始。1776 年,俄国旅行家帕拉斯(P. S. Pallas)在其《在俄国奇异的地方旅行》(*Reisen durch verchiedene Provinzen des russischen Reiches*)一书中,首次向俄国人介绍了史诗《格斯尔》,论述了它的演唱形式及其有关的经文,并对主人公格斯尔作了评述。1836 年,俄国学者雅科夫·施密特(I. J. Schmidt)用活字版刊印了这个蒙文本,随后又译成德文《功勋卓绝的圣者格斯尔王》(Die Thaten Bogda Gesser Chan's), 于1839年出版。该德文本是施密特在俄国皇家科学院的资助下，根据1716年"北京木刻版"蒙文本译成德语的，在俄国圣彼得堡和德国莱比锡同时出版发行。全书287页，共7章，现已成为极为罕见的善本之一，是《格萨尔》在西方最早出现的译本。

《格萨尔》的初步亮相，吸引了不少的西方汉学家陆续来到中国的康藏地区寻找《格萨尔》的踪迹。事实上，藏文本的对外译介始于19世纪末20世纪初。1893年，俄国人帕塔宁（G. N. Potanin）从安多藏区弄到了一部藏文抄本，他在一篇名为《汉边地区的唐古特－藏族与中部蒙古族》(Tangustsko-Tibetskaya Okraina Kitaya i centralnaya Mongoliya) 的文章中转述了片断。1905年，德国传教士弗兰克（A. H. Francke）出版了《格萨尔王：一个下拉达克版本》(A Lower Ladakhi Version of the Kesar Saga), 这是一个包括7章内容的分章本，该书有藏文原文、英文摘要，还附有介绍文章。这个译本使国外学界了解到这部史诗广泛流行于西藏各个地区的事实。此后，成部头的《格萨尔》国外蒙译外和藏译外译本正式出现了，开启了《格萨尔》辉煌的异域传播史。

3.2 欧陆汉学家的往复翻译

欧洲大陆是海外汉学的策源地，也是较早翻译介绍《格萨尔》的地方。其特点之一是在欧洲语言之间往复翻译，从中得到更多的译本。典型代表是法国人大卫-尼尔的《岭·格萨尔超人的一生》(La vie surhumaine de Gue'sar de Ling)。大卫-尼尔（Alexandra David-Néel, 1868—1969），是法国探险家、东方学家、藏学家，曾先后5次到西藏及其周边地区从事科学考察，写有探险记、日记、论著和资料，并被译成多种文字多次重版。她在康区旅行时，得到藏族永登喇嘛（the Lama Yongden）的帮助，并聆听说唱艺人的说唱，她参照所能得到的手抄本（包括1839年施密特的德文本、1905年弗兰克的下拉达克版本等）整理、编译而成《岭·格萨尔超人的一生》。全书271页，共计14章。该书1931年用法文在巴黎出版，1933年译成英文（The Super Human Life of Gesar of Ling）在伦敦出版，1959年再版，

1978年在纽约再版，2004年重新再版。这个版本虽然是编译本，但在国外影响很大，成为西方学者最早研究《格萨尔》的版本之一。

  这里我们无意也无法穷尽《格萨尔》的欧洲译本的论述（详见附录《格萨尔》各译本谱系图），但探讨一下深层的翻译动机和处理效果还是值得的。对于欧洲人来说，《格萨尔》原始资料的发现，与他们对东方神秘世界的探险是联系在一起的，欧洲大陆的《格萨尔》最初译介，是伴随着欧洲的殖民主义扩张而进行的。许多探险家、传教士出于猎奇、探险、传教等目的（也有纯学术研究的目的），对《格萨尔》进行了译述和编译，从早期人类学的视角，作了符合他们阅读趣味的浅度阐释和描绘。由于是初始性翻译，又受到当时译者条件的限制，很大程度上是译述性的，掺杂了大量的改写成分，宗教文化等难译部分均未译出，韵文部分基本上都以散体译出，但其作用仍然是无法替代的。

3.3 北美大地的现代解读

  北美洲对《格萨尔》史诗的关注较晚，但来势凶猛。随着二战后北美汉学的迅速发展和藏传佛教在北美的传播研究，《格萨尔》穿越了欧亚大陆，在美国连续出版了几个英文译本。1927年，纽约乔治多兰出版社（George H. Doran）出版了艾达·泽特林（Ida Zeitlin）的英文本《格斯尔汗》。该译本源于1839年施密特的德译本，同时参考了贝格曼（Benjamin Bergmann）于卡尔梅克人中发现并翻译的《格萨尔》资料（Zeitlin: 1927: 5）。值得注意的是，1991年，加利福尼亚的佛法出版社（Dharma Publishing）出版了华莱斯·扎拉（Walace Zara）的英文本《格萨尔！格萨尔王的奇遇》，它作为"西藏艺术和文化系列"丛书之一，由国会图书馆策划推出。该译本是上述《格斯尔汗》的现代英文版，用当代英语重塑了格萨尔的故事，语言通俗流畅，适合当代读者阅读，受到普遍欢迎。

  1996年，波士顿智慧出版社（Wisdom Publications）出版了道格拉斯·J.潘尼克（Douglas J. Penick）的《格萨尔王的战歌》，这是一个较新的英文分章本（2009年再版）。该译本参考了大卫-尼尔的英文版和艾达·泽特林的英文版，综合了两版的优点，并参考了蒙古宗教和藏传佛教的一些学术著作，从而体现出一定的综合性和兼容性。全书共 7 章，149 页，尽管篇幅不长，但涵盖了《格萨尔》的主干部分：《天界诞生》《赛马称王》《北地降魔》《霍岭大战》《姜岭大战》《门岭之战》和《返回天界》等分部本，而且采用"散韵结合，以韵为主"的文体，韵文体现现代诗的品质，理应受到进一步的关注。潘尼克为没有藏学和蒙古学背景的读者提供了一个《格萨尔》缩译本，翻译比较随意，方便了当代美国读者。

《格萨尔》在北美的译介和传播有着深层的文化原因。美国人对原始材料的重视与西方实证主义研究精神是一致的，他们把《格萨尔》放入一个较大的文化背景中去解读，获得了文化人类学的全球视野。在美国人眼里，格萨尔象征着自由的精神和对无知的超越，是人类心灵的国王。在他们看来，格萨尔力量的来源并不是巫术，而是心灵深处的自由。《格萨尔》华丽的诗章不仅仅让他们体验到遥远的萨蒙文化，同时召唤他们从当前的绝望和无助中站起来，面对困难，创造奇迹。

3.4 中华本土的双向阐发

中国国内的史诗英译虽然起步较晚，但由于天然条件和文化资源优势，近期《格萨尔》英译已取得了显著的成绩。一个值得重视的问题是，我国国内（主要是大陆）的《格萨尔》外译一般都是以汉译本为基础。由于研究与翻译的结合紧密，出现了吸收史诗研究成果的翻译兼创作的特殊现象，可归于编译或译创（composition in translation）。它既不是严格意义上的创作，又与传统意义上的翻译不同，可以说是创作与翻译的"杂糅体"，是介于翻译与创作之间的一种居间状态。这种形式是对翻译与创作边界的突破，对翻译概念的扩展与丰富。因此，对这种类型的《格萨尔》汉语本的研究，以及进一步的英译本的研究，就具有了双向阐发的价值。

1987 年，降边嘉措（1938— ）与吴伟合作出版了 3 卷本《格萨尔》的译创本《格萨尔王全传》。这是一部集学术性、文学性于一体的编纂本，第一次以较为完整的形式向汉族读者介绍了这部英雄史诗，1989 年，荣获新闻出版署颁发的优秀图书奖，1997 年，由作家出版社修订再版，2006 年，五洲传播出版社出版了《格萨尔王全传》上下册，2008 年，辽宁教育出版社和五洲传播出版社共同出版了精简本《格萨尔王》。该本以传统的"章回体"形式呈现，散韵结合，图文并茂，共12章。2009年，这两家出版社又推出该书的英文版 King Gesar。该书由王国振、朱咏梅和汉佳合作翻译，虽然是传统意义上"亦步亦趋"的翻译，但也是唯一有汉语原本可资对照的《格萨尔》英译本。

藏族作家阿来（1959— ）创作的长篇小说《格萨尔王》，由重庆出版社于2009年9月出版发行。该书被媒体誉为"2009年最令人期待的小说"，并作为"重述神话"全球出版工程推出的中国题材重点图书之一，参加了2009年德国法兰克福国际图书展览会。作为对"活态史诗"《格萨尔王》的首次小说演绎和本源阐释，作者以帝王传说为基点突出格萨尔王作为人而不是神的一面，而小说的开头和结尾也改变了史诗的佛教色彩和返回天界的隐喻，因此符合当代读者的阅读趣味。更为重要的是，这样的汉语原本将会译成英、德、法、意、日、韩等6种语言在全球同步推出，这意味着《格萨尔》将随着全球"重述神话"项目的实施，通过多种语言在世界各地同步传播。虽然我们对于这个创作本子的多语种译本的效果尚未知晓，但作为《格萨尔》走向世界的可贵尝试和可行途径，显然值得期待。

我们发现，《格萨尔》的内外翻译和传播大体存在三种路线或阶段。第一条路线是早期俄译本以及欧洲各主要语言之间的翻译和传播路线，以1839年施密特德文版《功勋卓绝的圣者格斯尔王》为代表，其传播空间在欧洲大陆和英伦三岛，可视为西方殖民扩张时期的延续，一般由探险家、旅行家和早期藏学家汉学家作为翻译主体。译者常带有探险、猎奇的心理，采取的是译述、编译和摘译的形式，呈现为散体文本。第二条路线是近代美国的翻译传播，以1996年道格拉斯·潘尼克来源于藏译本的《格萨尔王的战歌》为代表。注重异域风情并受到藏学热的驱动，这些汉学家（藏学家和蒙学家）一般采用编译和无原本的民族志翻译策略，采取散韵结合的形式，其中的韵文像现代诗，体现出一定的后现代解读倾向。最后，就是中国大陆当代的翻译倾向，以王国振等人的现代英文译本 King Gesar 为代表。这里既有20世纪80年代以来"国学热"的驱动，非物质文化遗产申报项目的诱因，也有本地史诗世界化的当代学术的思考，文人和作家也参与其事。这一阶段的翻译作为当代民族典籍外译的一部分，采用汉语转译和有原本的翻译策略，体现为散韵结合、章回体的处理方式。在文学上则有翻译和创作日益融合的倾向，体现为域内史诗普及与域外传播与研究的结合。

4 学科定位与理论研究:《格萨尔》史诗翻译的理论维度

一项有意义的实证研究和实证资料的发现，有可能给相关的理论研究带来新的研究课题，也有可能引起新的理论思考，产生理论上的新突破，包括翻译类型的新发现和对于翻译基本问题的再认识。关于民族史诗《格萨尔》的翻译传播研究，也会给翻译的理论研究提供新的课题和思路。以下将围绕史诗的版本和文本翻译、文学本体和口头传承，以及重写多民族文学史和翻译史的问题，提出一些新的看法，以期有益于翻译理论的发展。

4.1 关于版本与文本关系的再认识（第一文本、第二文本、中转文本、终结文本）

《格萨尔》的翻译传播，所涉及的文本问题异常复杂，需要做新的理论探索。为了便于说明问题，这里暂不涉及口头文本，仅仅讨论书面文本的翻译问题。第一是原发的藏文本（本身不止一个），它向蒙古语文本的翻译，属于国内翻译，我们称为"域内翻译"。然后是由藏文本和蒙文本向汉语文本的翻译，也属于"域内翻译"。其中藏蒙之间（或者蒙藏之间）的翻译属于"民族翻译"（简称民译），即从民语到民语的翻译，而和汉语译本的双向关系，则属于"民汉翻译"或"汉民翻译"。从藏语本和蒙语本各自具有相对比较独立的史诗价值和文化差异性而言，其意义和价值不仅在于藏语到蒙语的"原创性翻译"中，而且在于到汉语和其他语言的"非原创性翻译"中。后者所谓的"非原创性翻译"，并不否认译文本身的艺术创造性，而是说《格萨尔》的汉语翻译不具有史诗原发意义上的文化的创造性，这是因为汉语区非史诗发源区和传播区，而汉语也非史诗的原发性语言。由此可以进一步界定史诗《格萨尔》对外翻译的问题。《格萨尔》的对外翻译，有以藏语、蒙语为出发语的翻译，也有以汉语为出发语的翻译。无论将藏语还是蒙语作为第一文本或第一译本，都具有一定程度的原发性，即都可以认为是原译行为，因此，我们有理由把藏文本和蒙文本称为"双语原本"。而基于汉语本的对外翻译，则只具有继发的性质（因为汉语本不是民族史诗《格萨尔》最初的语言，而且在原则上，尚未发现用汉语书写的原创的史诗作品，包括口头流传的史诗作品）。当然，这样说并不否认汉语本在文本整理、语言融合、规范整一、文字修饰等方面的作用，但与此同时，也需要指出，从汉语文学创作本（例如阿来的《格萨尔王》）翻译几种外文译本的做法，已经具有相当程度的现代创作的成分，而不是一般意义上的翻译了。

《格萨尔》域外翻译中有一个十分常见的现象——在欧洲语言（例如法语、德语、俄语、英语）之间反复被翻译。这一现象可以和《荷马史诗》从古典语言被翻译为欧洲现代语言的情况相比较。诚然，在西方文化和文学的伟大传统内部，《荷马史诗》是由古典语言（希腊语或拉丁语）向现代民族语言（德语、法语、英语等）的翻译，其中主要争论的问题是围绕"荷马风格"这一古典问题而展开的，而相继出现的译本，除了具有相对较好的译本评价以外（而评价也有个人偏好和时代因素的影响），也有相继被替代的倾向。尽管如此，与《格萨尔》的翻译相比，《荷马史诗》尚不具有下列复杂的问题。其一，在多种原本并出的情况下，《格萨尔》的个人风格已经无从确认（何况作为史诗，它的集体创作性质也在一定程度上抹杀了风格问题），而其文化问题则被提到议事日程上来了。其二，由于史诗研究本身的发展，以及文化人类学、神话学（包括神话－原型批评）、口述历史等理论的影响，当下的《格萨尔》翻译在理论资源和文化资源上要复杂得多，实际的翻译问题和价值取向也要复杂得多。

尽管如此，我们还是认为，从现有资料来看，《格萨尔》的外译，包括从汉语本出发的外译，从蒙文或藏文本出发的外译和在西方语言之间反复翻译的三种情况，至少需要概念和理论上的区分。汉语本的翻译，实际上是转译（或可称其为"中转文本"），原文本经过现代汉语的翻译和整理，加上一定的研究，有文本固定、结构均衡、语言归化的特点，但并非唯一的选择。在可能的情况下，藏文本或蒙文本仍然是可以作为原始文本依赖的（即所谓的"双语原本"），尽管这两个来源已经具有不同的文化趋向，反映不同民族的生活场景、习俗信仰和价值观念了。然而，由于《格萨尔》传播的广泛性和持久性，加之国内研究和翻译的滞后（特别是理论上的滞后），许多国外的译者和研究者等不到国内的研究成果和文本的系统整理，就已经开始翻译和研究了。他们的做法有的基于国外的藏本或译本，有的基于自己研究的需要（包括理论研究的需要），实际上已经走在了国内研究和翻译的前列，进入国际史诗翻译和研究的前沿了。在这一方面，问题不是限制和要求国际的翻译和研究如何（事实上，已经无法知晓何者为"终结文本"），而是如何尽快吸收和借鉴国外的研究和翻译成果，加速提高域内的史诗翻译质量和研究效力。在这个意义上，《格萨尔》翻译和研究的国际合作，无疑具有十分重大的意义。

4.2 史诗本体与复杂翻译系统的发现（文学本体、口头传播、民族志诗学）

我们知道，史诗是较早存在的文学样式，强调了一个比以往的书面文学现象更本源、更原发的文学存在，那就是以口头创作和直接传播为特点的文学样式，同时也提供了一种文学本体，那就是以口头的、民间的直接传播为特点的文学，并以之作为书面的、文人的、间接传播的文学的源泉和本根。由此建立以口头文学为本体的文学本体论，同时也建立以口头翻译为本体的翻译本体论。在这个意义上，中国的三大史诗作为活态史诗，提供了最佳也是最典型的原始、原发、原创的文学典型，而且至今有效，一直还在发挥作用。

从本源上来说，《格萨尔》属于口头说唱文学，其英译和其他翻译则属于民族史诗翻译，其翻译研究具有实证研究和文学翻译批评的双重性质。将口头诗歌的史诗翻译成书面文字时，不可避免地会丢掉一些东西。例如说唱艺人通过演唱讲述时的声音、手势、面部表情、身体动作所表达的意义，以及重要的听众反应、对史诗讲述总体情景的描述等副语言因素，在翻译中丢失了。因此，对书面翻译文本中所缺失的与语境密切相关的内容的思考，就成为我们构建史诗翻译理论的焦点所在。20世纪中后期以来，在美国民俗学、人类学界兴起的"民族志诗学"理论，为我们探索《格萨尔》史诗翻译的方法提供了学科契机和理论借鉴。民族志诗学（Ethnopoetics）与美国口头程式（Oral Formulaic）、表演（Performance）和口头诗学理论一脉相承。[①] 它在承认世界范围内的每一特定文化都有各自独特的诗歌，这些诗歌都有其独自的结构和美学特点的前提下，发展出了一整套关于在书写文化中进行口头艺术文本记录和翻译的观点和方法。正如杨利慧所言：

> 就其理论主张、思想基础、代表人物而言，民族志诗学实际上是表演理论大阵营里的一个重要的组成部分，是其中主要探讨口头文本转写和翻译方法的一个分支。其主要的学术追求，不仅仅是为了分析和阐释口头文本，而且也在于使它们能够经由文字的转写和翻译之后仍然能直接展示和把握口头表演的艺术性，即在书面写定的口头文本中完整地再现文本所具有的表演特性。（杨利慧，2004：49）

为了能将口头诗歌的口头性和表演性通过翻译表现在书面上，民族志诗学的学者们进行了多种实践，包括运用各种标记符号、脚注、分行誊录口头叙事，以求完整地表现叙事中的语气变化、声音顿挫等诸多口头因素，尽可能立体、形象地在书面上表现出口头艺术的表演性。显然，民族志诗学在努力寻求一种更好地翻译和转写口头诗歌的手段，这一点就与当前的《格萨尔》史诗英译相契合。作为千年传唱不息的活态史诗，英译之后如何能够让目的语读者品尝到"糌粑加酥油茶"的地道风味，是《格萨尔》民族化、世界化亟须解决的问题。

[①] 1970年，丹尼斯·特德洛克（Dennis Tedlock）和杰罗姆·鲁森博格（Jerome Rothenberg）联手创办了《黄金时代：民族志诗学》（*Alcheringa / Ethnopoetics*）杂志，主要刊发对非洲、亚洲、大洋洲和美洲等地本土口头艺术表演的誊录、翻译和录音整理，成为该派崛起的标志。

在此，我们借鉴民族志诗学的方法，以《格萨尔》三种典型译本为出发点，尝试对《格萨尔》翻译的可能类型和方式略作阐发。第一种是借鉴中华本土王国振等英译本的做法，继续在第二语言（汉语）的基础上进行翻译，即藏、蒙语文本译成汉语，然后再将汉语本翻译成英语及其他外语。这一翻译的优势在于经过汉译的民族史诗《格萨尔》，已经具有了较为规范的现代文本和完整的艺术体现，但是需要进行文化人类学的深度描写与翻译（深度翻译），包括提供充实的民族志背景、说唱表演的场景，尽可能地附上演唱段落的原语言样例或提供录音录像资料等。第二，以书面双语译本（如藏汉、蒙汉对照版）为基础，进行三语对照的外文翻译尝试。这样一种翻译类型能够提供丰富的可资对照的三角翻译文本。它不同于已经发生的没有提供原（藏、蒙）语言，也没有提供汉语本的外语文本。在后一种情况下，译本成为脱离原文和中国文化环境而独立存在的艺术作品，陷入无根状态。事实上，这一类型构成了欧洲和北美英译本的主要形态，但由于缺少了民族志诗学的观照，其口头说唱的诗性部分至少需要重新翻译。第三种翻译类型，就是直接从藏语、蒙语到英语或其他外语的翻译。由于这一部分在历史上曾经有海外汉学家（包括藏学和蒙学家）的积极尝试，同时因为有了新型的史诗翻译理论的支撑，有些翻译包括了丰富的民族志背景、说唱信息、说唱者的背景，以及部分（或全部）藏、蒙等其他民族语的段落（原有的书写字母或通过拉丁字母转写），有的还附有田野工作者的看法、完整的文本化过程等。如何对待和评价这样的翻译成果，已经成为一项十分重要的研究课题。实际上，以上三种翻译类型，就我们目前国内的翻译和研究条件而言，其可操作性是依次递减的，而其难度则是依次上升的。

4.3 关于重写中国翻译文学史，或多民族文学创作与翻译史的设想和意义

在某种意义上来说，《格萨尔》的千年传唱既是一部史诗翻译史，也是一部文化交流史。作为文学之树上最早成熟的果实，史诗不仅具有文学的外壳和内在的文化价值，其翻译和翻译研究还需要跨学科的视野和重写

翻译文学史的勇气。这两者又都奠基于我们对于民族典籍大翻译研究的基本性质的认识。

> 一方面原本出于民族学的翻译研究，另一方面可统归翻译学中的典籍翻译研究分支，中国民族典籍翻译身兼二任，学跨两科，成为民族学与翻译学融会贯通的交叉研究领域。换句话说，民族学和翻译学这两大学科在民族典籍翻译这一脉支流中得以交汇融合，使后者成为学术价值和学术潜力巨大的研究领域，由此可以衍生出众多重大的研究课题。（王宏印、邢力，2006：28）

在中华多民族文学史重构中占有重要地位的民族史诗翻译，像《格萨尔》《江格尔》和《玛纳斯》等史诗经典作品翻译，必须纳入翻译史书写的范畴。如果说《格萨尔》在文学史上的重大意义在于打破书写与口头、声音与文字二元对立的壁垒，那么，在翻译学上的价值就不仅体现了翻译类型的复杂多样和原初翻译的口头性质（pro-original interpretation），还有对重写中国文学史和中国翻译文学史的启示作用，其中包括文学起源和翻译性质的重新认识和深层解说。

从目前已出版的翻译史著作来看，多数仍然沿用了传统的文学史的写作格式，即以汉族文学、汉语文学、书面文学为主体的文学史书写格局。除了马祖毅先生的《中国翻译简史》《中国翻译通史》，以及研究地区翻译的《西域翻译史》等专门著作以外，对于少数民族文学和口传文学的翻译史仍然着墨不多。值得一提的是，曾任香港中文大学教授的孔慧怡，在其《重写翻译史》一书中将中国翻译史分成事务性翻译和文化性翻译两大类型，对于翻译活动与中国文化发展相互关系的理解提出了精辟的见解。另外，她还涉及中国历史上汉族和少数民族执政期间对待翻译的不同态度，甚至涉及西域翻译史的内容，可惜对于少数民族翻译史和口头文学的翻译仍然重视不够，也没有包括口译史的研究内容。

我们认为，在中国多民族文学史观的视野下，中国翻译史的书写将发生重大变化。翻译史编写如何摆脱社会学（编年体史书）的直接影响以便建构出人文特征，如何克服单纯的史实罗列以凸显其文化的传递角色，以及如何加强哲学层面的史学审视等,都是当前翻译史书写中亟待解决的问题。少数民族文学和口传文学进入翻译文学史,至少包括三个层面的思想:(1)只专注于汉族文学翻译而忽视其他少数民族文学翻译的翻译史是不完整的;(2)一味地注重书面文学的翻译而忽视口传文学翻译的翻译史是不全面的;(3)缺乏对翻译与中国"多元一体"文明史演变与发展的互动关系的认识、缺乏跨文化交流意义上的深层文化阐释的翻译史是不可能深刻的。只有将这三个层面考虑进来,中国多民族翻译史的书写才是完整的、深刻的、长久的。当然,这样的翻译史书写并非靠一人之力可以成就的,它需要众多学者和专家的共同参与才能完成。

5 结语:朝向一项综合性的翻译研究工程

综上所述,《格萨尔》的翻译途径和过程不是传统意义上的转译、重译和复译,还有更为复杂的多向翻译、交叉翻译、往复翻译等特点。我们关注的不是对《格萨尔》英译文本单一维度的扫描与静态摹写,而是将其置身于文化人类学的视域下,对不同交际时空内的译本及其相互关系进行研究。事实上,我们是将《格萨尔》民译、汉译和外译/英译作为文化传播事件,还原到中西文化交流的历史文化语境中,对其翻译策略、传承方式及全过程进行多维透视、整体观照与动态考量。当然,我们的考察是初步的、理论上的、更为深入而系统的研究,还需要假以时日,通过合作进行。要对民族三大史诗翻译作较为全面的研究,就必须在《格萨尔》之外,进一步研究《江格尔》和《玛纳斯》,从中找出更为广泛的联系和更具规律性的东西。

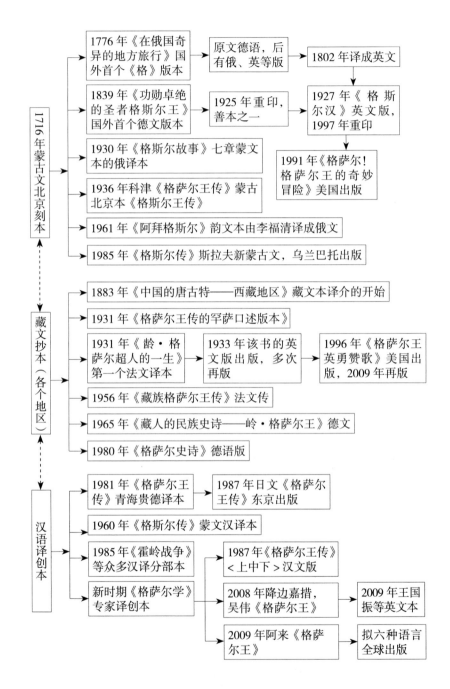

图1 《格萨尔》各译本谱系图

【参考文献】

David-Néel, A. & Lama Yongden. *The Superhuman Life of Gesar of Ling* [M]. Whitefish: Kessinger Publishing, 2004.

Penick, J. D. *The Warrior Song of King Gesar* [M]. Boston, Massachusetts: Wisdom Publications, 1996.

Zara, W. *Gesar! The wondrous adventures of king Gesar.* Adapted by Zara Walace, illustrations by Julia Witwer [M]. Berkeley, California: Dharma Publishing, 1991.

Zeitlin, I. *Gessar Khan: A Legend of Tibet.* Illustrated by Nadejen. [M]. New York: George H. Doran Company, 1927.

阿来．格萨尔王［M］．重庆：重庆出版社，2009，10．

降边嘉措，吴伟．格萨尔王［M］．沈阳：辽宁教育出版社，五洲传播出版社，2008，7．

孔慧怡．重写翻译史［M］．香港：香港中文大学出版社，2005，12．

王宏印，邢力．追寻远逝的草原记忆：《蒙古秘史》的复原、转译及传播研究［J］．中国翻译，2006（06）：28．

杨利慧．民族志诗学的理论与实践［J］．北京师范大学学报（社会科学版），2004（06）：49．

扎西东珠．谈谈《格萨尔》的翻译问题［J］．中国翻译，2004（02）：87．

赵秉理．格萨尔学集成［C］．第1—3卷、（第4卷）、（第5卷），兰州：甘肃人民出版社，1990．（1994）（1998）．

跨越时空的传唱：
"活态"史诗《玛纳斯》的翻译与传播

梁真惠 陈卫国

1 引言

《玛纳斯》是"活态"史诗，广泛流传于我国以及其他国家的柯尔克孜人[①]中间，与《格萨尔》《江格尔》并称为中国三大英雄史诗。它不仅是柯尔克孜民族的文学经典、百科全书和精神象征，而且被列入联合国"人类非物质文化遗产代表作名录"，成为全人类的精神财富。上千年来，《玛纳斯》以口头演唱的方式被一代代歌手传承下来，但这种口头传播通常局限在柯尔克孜民族内部，流布范围非常有限。自19世纪中叶《玛纳斯》第一个记录文本出现以来，这种古老的传播方式开始发生改变，从原来单一的口头纵向传承，转而形成口头纵向传承与文本横向传播相结合的态势。由此，史诗的传播范围极大地扩展，从柯尔克孜民族走向其他民族，从帕米尔高原和中亚地区走向世界各地。遗憾的是，《玛纳斯》这160余年的翻译传播状况，如翻译方式、传播路径、流布范围以及译本面貌等课题一直未引起学术界应有的关注。就手头资料来看，国内外的《玛纳斯》

[①] 柯尔克孜族是跨国界民族，是我国的少数民族和吉尔吉斯斯坦的主体民族，同时在阿富汗和土耳其等其他国家也有柯尔克孜人居住。因而《玛纳斯》史诗也变成跨界史诗。

研究绝大多数都围绕史诗本身进行，对其在世界范围内的流布状况尚缺乏系统梳理和总结。论文拟在概述史诗域内外传播的基础上，以几个重要英译本为例总结评析《玛纳斯》翻译现状，为今后翻译"活态"史诗提供一定方向和思路。

2　域内传播：《玛纳斯》的汉译与民译

对于我国藏蒙史诗《格萨尔》在国内的翻译传播，学者们有如下界定："第一是原发的藏文本（本身不止一个），它向蒙古语文本的翻译，属于国内翻译，我们称为'域内翻译'，然后是由藏文本和蒙文本向汉语文本的翻译，也属于'域内翻译'。"（王宏印，王治国，2011：19）由于同属我国少数民族史诗，《玛纳斯》的翻译传播与《格萨尔》有共同之处，本文采用王宏印等使用的概念，涉及域内翻译、域外翻译、汉译、民译、外译、终结文本、中转文本等。《玛纳斯》的域内翻译传播主要指在我国搜集记录的《玛纳斯》唱本被译成汉语和我国其他少数民族语言。其中翻译最多、传播最广的是我国著名玛纳斯奇[①]居素普·玛玛依（Jusup Mamay）的唱本。

《玛纳斯》的汉译大致经历三个阶段：章节片段的翻译；分部[②]的翻译，主要是《玛纳斯》第一部的翻译；整部的翻译，主要指居素普[③]八部唱本的翻译。三个阶段并不是严格意义上的时间划分，有时交叉并行。我国民间文艺工作者自20世纪60年代初开始搜集、记录《玛纳斯》，汉译工作也随之启动。已知的最早汉译片段是20世纪60年代发表于《天山》杂志的《赛麦台依和阿依曲莱克》。自此，各种片段被译成汉语陆续见诸报纸杂志或收入作品集中。我国《玛纳斯》研究专家阿地里·居玛吐尔地（Adil Jumaturdu）对20世纪国内刊发的汉译片段给予了详细梳理，可参阅相关

[①] 在柯尔克孜语中专指演唱史诗《玛纳斯》的民间艺人。
[②] 《玛纳斯》史诗分为数部，讲述玛纳斯家族几代英雄的故事，以英雄的名字命名。在苏联和现吉尔吉斯斯坦主要流传史诗前三部，即《玛纳斯》《赛买依》和《赛依铁克》。我国歌手居素普·玛玛依唱本共计八部，除上述前三部外，还涉及之后五代子孙的英雄事迹。
[③] 柯尔克孜人的名字构成：前一部分为自己的名字，后一部分为父名。故本文涉及的柯尔克孜人名字重复提到时均采用本人名字。

内容（2009：55–56）。《玛纳斯》分部翻译与片段翻译几乎是并行的。在1961年的史诗普查中采录到居素普唱本前五部并进行了初步汉译。其中第一部汉译稿作为内部资料出版了铅印本。1964年《玛纳斯》工作组成立，对该史诗进行补充搜集和记录，这次居素普补唱了前五部并增唱了第六部史诗。工作组对六部史诗重新翻译，用了近两年时间完成了全部汉译工作。遗憾的是，这些汉译稿还没来得及刊发，"文革"开始了，原稿、译稿几乎遗失殆尽，造成我国《玛纳斯》学术史上的巨大损失。可以说，《玛纳斯》第一次大规模汉译由于没有出版而成为一次无果行为。"文革"结束后，《玛纳斯》工作组再次成立，重新开始记录和翻译史诗，分部汉译本开始面世。1991年由刘发俊等翻译的居素普唱本第一部节译本出版，长达1000多页，也是第一个正式出版的较完整的《玛纳斯》汉译本。进入新世纪，更大规模的《玛纳斯》整体翻译启动，居素普八部18卷唱本目前已出版前四部共计11卷，后面几部还在陆续出版中。这次汉译对组织成员、译者选择、翻译机构、译本选择、翻译程序、翻译准则、翻译过程、校核评审等都提出了很高要求（居素普·码码依，2009：005–008）。可以预见，一旦汉译本全部付梓出版，无论对《玛纳斯》的翻译传播，还是对"玛纳斯学"的发展来说都将具有划时代意义。总体来看，《玛纳斯》汉译具有以下几个特点：1. 政府行为。由于三大史诗在我国少数民族文学中的重要地位以及本身的鸿篇巨制，史诗的调查、采录、整理、出版、翻译等都是在政府相关部门主导下进行。2. 协作完成。《玛纳斯》的汉译基本上由柯尔克孜族学者与汉族学者合作完成。3. 时间跨度大。翻译重大题材的巨型史诗是一项艰巨任务，少则几年，多则十数年才能完成。

《玛纳斯》还被译成我国其他少数民族语言在域内传播（简称民译），主要涉及维吾尔语、哈萨克语及蒙古语。就手头资料来看，《玛纳斯》民译本数量有限。1979年和1980年，居素普唱本片段曾被译成哈萨克文和维吾尔文刊发。柯尔克孜学者托汗·依萨克（Tokon Isak）与人合作编译过居素普唱本第一部比较完整的维吾尔文故事梗概，共计4万多字，是第一个较大规模的维吾尔文《玛纳斯》。近年来，新疆《玛纳斯》研究中心着手《玛纳斯》的民译，从居素普唱本的柯尔克孜文译出，目前已出版第一部5万余行的维吾尔文和哈萨克文。此外，新疆蒙古族诗人B.尼木加甫用蒙古语翻译居素普唱本中《玛纳斯的诞生》一章,发表在《启明星》杂志上。总体来看,《玛纳斯》的民译多发生在与柯尔克孜语言或使用范围与柯尔克孜地域比较接近的少数民族语言上,如同属于突厥语族的哈萨克语与维吾尔语,还有地缘上比较接近的蒙古语等。相对于大规模的汉译,《玛纳斯》的民译尚处于起步阶段。

3 域外传播:《玛纳斯》的跨界旅行

《玛纳斯》是一部跨越国界的史诗,既在我国也在国外的柯尔克孜人中传唱。《玛纳斯》最早记录于中亚的柯尔克孜地区,史诗的第一个译本是1885年出版的德语译本。从这个意义上说,《玛纳斯》的域外传播比域内传播早了近一个世纪。《玛纳斯》记录下来的唱本虽然众多,但影响最大、翻译最多、传播最广的主要是以下几个唱本:一是19世纪中叶的两个唱本,即乔坎·瓦利哈诺夫(Chokan Valikhanov)记录的一个经典篇章《阔阔托依的祭典》和威廉·拉德洛夫(Wilhelm Radloff)记录的一个较完整唱本;二是苏联记录并整理出版的三个重要唱本,包括两大著名玛纳斯奇萨恩拜·奥诺孜巴克夫(Sagimbai Orozbak uulu)唱本和萨雅克拜·卡拉拉耶夫(Saiakbai Karalaev)唱本以及一个史诗综合整理本;三是我国著名歌手居素普·玛玛依唱本。

瓦利哈诺夫和拉德洛夫的记录本是《玛纳斯》最早的两个书面文本,先后被译成多种文字,成为各国学者研究《玛纳斯》不可或缺的资料。在《玛纳斯》的外译(这里指译成其他国家语言)方面,第一个译者要数瓦利哈诺夫。他俄译了自己记录的部分文本(913行)。由于英年早逝,他的原始记录手稿和译稿均一度遗失。其俄译稿首先被发现并于1904年刊印出来。1971年,哈萨克学者阿勒凯·马尔古兰(Alkey Margulan)将其原始手稿影印后刊布,并译成哈萨克文出版。英国古典学家亚瑟·哈图(Arthur T. Hatto)获此影印摹本,进行了散体英译,1977年出版。对《玛纳斯》的翻译传播做出巨大贡献的是拉德洛夫。他将自己记录的唱本译成德文于1885年出版,成为最早出版的《玛纳斯》译本,为该史诗走向世界打开了第一扇窗。一个世纪后，哈图将其译成英语散体于 1990 年在德国威斯巴登出版。土耳其学者艾米娜·纳斯卡利（Emine Naskali）将其译成土耳其文于 1995 年在安卡拉出版。应当说，《玛纳斯》最早记录本被译成西方主要国家语言，成为《玛纳斯》研究的滥觞。

萨恩拜 18 万余行唱本早在 1922—1926 年被记录下来，但四卷删节本于 1978—1982 年才整理出版，而全文版则迟至 1995 年出版。同样，萨雅克拜 50 万余行唱本在 1932—1947 年被记录下来，但被严重删减的五卷本于 1984—1991 年才陆续整理出版，其全文于 1995 年出版。因此，从 20 世纪 30 年代到 70 年代，在苏联被翻译成俄语及其他语言的大都是史诗片段。80 年代以后，上述萨恩拜删节本的吉尔吉斯文与俄文双语版本面世。据此双语版本又译出英文本和日文本。相比较而言，萨雅克拜删节唱本的译文不多，但吉尔吉斯斯坦本民族学者艾尔米拉·阔楚姆库里克孜（Elmira Kocumkulkizi）将其全文版开头 8000 余行翻译成英语，对于该唱本的传播具有重要意义。可以说，苏联最重要的两大唱本也遭遇了同我国居素普唱本一样的命运，到目前为止，他们的唱本还没有见到任何语言的全译本。此外，1958—1960 年苏联还出版了一个四卷本的《玛纳斯》综合整理本，该唱本综合了萨恩拜、萨雅克拜和其他歌手的唱本片段。除俄译文外，综合整理本还被陆续翻译成中亚地区的哈萨克文、乌兹别克文、塔吉克文、蒙古文等出版。

我国的居素普唱本除了被大量转写成吉尔吉斯文[①]之外，还被译成其他国家的语言传播。20 世纪 80 年代之前，居素普唱本不为外界所知。今天他的唱本已经走向世界，逐步发展成为一项专门的研究学科。（阿地力，托汗，2002：224）日本是最早翻译居素普唱本的国家。1981 年日本《丝绸之路》杂志刊载了乾寻（Inui Hiro）翻译的第四部《凯耐尼木》片段，这是居素普唱本第一次被介绍到国外。在《玛纳斯》日译方面，西协隆夫（Nishiwaki Takao）贡献很大。他在日本岛根大学法文学部《文学科纪要》上连续数年翻译发表居素普唱本片段并撰文介绍他。近年来，他还根

---

① 由于阿尔克孜族是跨国界民族，同一语言采用了不同字母体系拼写。我国采用阿拉伯字母拼写，吉尔吉斯斯坦采用基里尔字母拼写。本文使用柯尔克孜文（我国）和吉尔吉斯文（吉尔吉斯斯坦）加以区分。

据《玛纳斯》汉译本着手转译居素普唱本,其中第一部第一卷于 2011 年在名古屋学院大学内部资料集《中国少数民族文学》第四卷中刊行。土耳其学者阿力木江·伊纳耶惕(Alimjan Inayeti)的《居素普·码码依与〈玛纳斯〉史诗》一书于 2010 年在安卡拉出版,该书后半部分是居素普唱本约 10000 多行的土耳其文。这是目前土耳其较全面地研究居素普及其唱本的著作。德国学者卡尔·赖希尔(Karl Reichl)是中亚史诗研究专家,目前正致力于《玛纳斯》的翻译。2014 年他用英语和德语同步出版了居素普唱本第一部第一卷,后续译本还在陆续出版当中。

在《玛纳斯》各种外译本中,英译本的种类和数量可以说比较丰富,这与英语是当今世界主要语言文字传播手段,史诗英译在相关国家得到很大重视有一定关系。《玛纳斯》的英译最早开始于亚瑟·哈图,他的翻译成果如上文所述。可以说,哈图译本对《玛纳斯》在西方传播起到极大的推动作用,也开启了真正意义上的《玛纳斯》研究,以至于后来该史诗的研究者或翻译者无一不提到他的贡献。哈图之后,《玛纳斯》的英译本开始不断面世。尤其是近年来,随着《玛纳斯》申遗成功,史诗的英译更是加快了步伐。就手头资料来看,大大小小的《玛纳斯》英译本已达 10 本(见下表)。

表 1 《玛纳斯》英译本

唱本来源	英译者	英译本书名	出版时间	出版地
未名歌手	亚瑟·哈图	阔阔托依的祭典	1977 年	英国牛津
未名歌手	亚瑟·哈图	威廉·拉德洛夫的《玛纳斯》	1990 年	德国威斯巴登
萨恩拜·奥诺孜巴克夫	瓦尔特·梅依	玛纳斯	1995 年	吉尔吉斯斯坦比什凯克
萨恩拜·奥诺孜巴克夫	丹尼尔·普热依尔	西奥多·赫尔森的视觉史诗	1995 年	吉尔吉斯斯坦比什凯克
萨雅克拜·卡拉拉耶夫	艾尔米拉·阔曲姆库勒克孜	柯尔克孜史诗《玛纳斯》	2005 年	网络版

(续表)

唱本来源	英译者	英译本书名	出版时间	出版地
坎杰·卡拉	丹尼尔·普热依尔	坎杰·卡拉的《赛麦台依》	2006年	德国威斯巴登
萨帕尔别克·卡斯马姆别托夫	基斯·霍华德	歌唱柯尔克孜的《玛纳斯》	2011年	英国福克斯通
居素普·码码依	张天心	玛纳斯故事	2011年	中国北京
居素普·码码依	李红燕等	中国柯尔克孜民族英雄史诗《玛纳斯》	2013年	中国乌鲁木齐
居素普·码码依	卡尔·赖希尔	玛纳斯	2014年	中国北京

4 《玛纳斯》翻译传播特点：文本类型与翻译方式的多元复杂性

相对于书写文学翻译，口头文学翻译呈现出更加多元复杂的样态。就《玛纳斯》翻译而言，体现在文本类型多样化与翻译方式多元化两个方面。

首先是原文本的多样化。一般而言，书写文学一旦出版就基本上形成一个"终结文本"，即原文本。这个原文本是唯一的，任何译本都可以追溯到它。不同于书写文学，口头文学的一大特点是变异性。就《玛纳斯》而言，歌手在演唱过程中会基于史诗传统内容进行创编，形成自己的唱本。由于歌手的师承体系、生活阅历、知识结构、语言能力等存在差异，加上时代背景与社会环境的影响，不同歌手的唱本在内容情节方面不尽相同，导致《玛纳斯》的异文本现象非常突出。例如，拉德洛夫记录本中出现沙皇的影子，是受到当时沙皇俄国向中亚地区扩张并控制柯尔克孜地区的影响；萨恩拜唱本伊斯兰教味道很浓是因为当时苏联的无神论教育还没有对皈依伊斯兰教的柯尔克孜民族产生深刻影响；等等。《玛纳斯》

缺乏一个统一的、定型的"终结文本",有多少玛纳斯奇,就有多少唱本。我国搜集有 80 多个唱本(阿地里,2009：54),苏联也搜集有 60 多个唱本(Howard, 2011: 105)。唱本的多样化导致《玛纳斯》各译本所依据的原文本各不相同。哈图英译底本是 19 世纪中叶未名歌手的唱本,瓦尔特·梅依(Walter May)英译本来源于萨恩拜唱本,艾尔米拉英译本依据的则是萨雅克拜唱本。

  其次,"转写文本"构成史诗传播的一个特点。《玛纳斯》在记录过程中曾使用不同字母体系拼写。《阔阔托依的祭典》采用察合台文①记录,拉德洛夫采用基里尔字母记录,萨恩拜与居素普唱本用阿拉伯字母记录,萨雅克拜唱本则是用拉丁字母记录。哈图在其英译本中用拉丁字母全文转写了瓦利哈诺夫和拉德洛夫的记录本。在转写文本中还出现了新的类型——"语内转写"。这种转写发生的前提是同一语言采用不同字母体系拼写。我国出版的《玛纳斯》用阿拉伯字母书写,吉尔吉斯斯坦的《玛纳斯》用基里尔字母书写。两者之间如果不进行转写,操同一语言的读者很难认读对方的史诗文本。例如,瓦利哈诺夫的察合台文手稿被转写成基里尔字母的吉尔吉斯文,拉德洛夫的基里尔字母记录稿被转写成阿拉伯字母的柯尔克孜文,居素普的阿拉伯字母的柯尔克孜文被转写成基里尔字母的吉尔吉斯文,等等。

  最后,转译现象导致"中转文本"的出现。中转文本是相对于源语文本而言的。《玛纳斯》中转文本主要涉及俄译本和汉译本两种。史诗先从柯尔克孜语译成俄语或汉语,再从俄语或汉语译成其他语言。目前涉及中转文本的《玛纳斯》翻译主要有梅依转译自俄文的英译本、若松宽(Wakamatsu Hiroshi)转译自俄文的日译本、李红燕转译自汉文的英译本、西协隆夫转译自汉文的日译本。中转文本出现的原因是柯尔克孜语属于小语种,作为转译语言的俄语或汉语,其认知度比柯尔克孜语高,影响力也比柯尔克孜语大。吉尔吉斯斯坦曾是苏联的加盟共和国之一,我国的柯尔克孜族亦是少数民族之一,两国政府都相当重视将《玛纳斯》翻译成主体

---

① 察合台文是从原来以阿拉伯字母为基础的哈喀尼亚文(喀喇汗文)演变而成的。这种文字采用了阿拉伯文的 28 个字母和其他辅助符号,同时从波斯语文中借用了四个字母,一共有 32 个字母。参看热扎克·买提尼牙孜主编的《西域翻译史》第 247—248 页。

民族语言俄语或汉语,那么俄语或汉语成为转译语言也就不足为奇了。

《玛纳斯》的翻译方式也表现出多元化特点。针对中国少数民族口头文学的翻译,美国学者马克·本德尔(Mark Bender)总结出三类翻译方式。第一种是从第二语言(中转语言)汉语材料译出,即所谓的转译。该方法极少提供语境信息,也缺乏基本的地理民族志材料和表演背景知识。第二种仍然是基于第二语言的汉语文本译出,但提供丰富的民族志与表演信息,并尽可能提供原语言文本对照样例。第三种方式是直接从少数民族语言到外语的翻译,包括丰富的地理民族志材料、表演背景以及部分或全部原语语言文本或原语拉丁字母转写文本,并涉及整个"文本化"过程以及民族志学者的阐释。(2005:143-144)实际上,本德尔提出的三种翻译方式并不能完全概括《玛纳斯》的翻译现象。

以《玛纳斯》英译为例,其翻译方式至少出现了下列四种情况:1.掌握柯尔克孜语的英语国家学者进行翻译,如英国学者哈图、美国学者丹尼尔·普热依尔(Daniel Prior)、澳大利亚学者基斯·霍华德(Keith Howard)。他们直接从柯尔克孜语言译出,并提供全部原文的拉丁字母转写文以及丰富的民族志和表演背景材料。2.从俄语或汉语转译,极少提供语境和背景信息,例如上述提到的梅依和李红燕转译本,属于本德尔提出的第一种翻译方式。3.由本土学者从柯尔克孜语直接翻译。艾尔米拉是目前唯一将《玛纳斯》向英语世界推介的本民族学者。这种翻译方式的优势在于译者深谙本民族文化,不仅能提供丰富的地理民族志和表演背景材料,而且能深刻揭示史诗蕴含的文化内容。4.精通柯尔克孜语和英语的其他国家学者从柯尔克孜语译成英语。目前德国波恩大学的英语教授赖希尔正在进行居素普唱本的英译,但其译本提供的语境信息和背景知识非常有限。

除了以上英译本体现的翻译方式之外,还出现其他几种非常态的传播方式:语内转写、混合翻译、回译等。语内转写上文已讨论,此不赘述。混合翻译体现于一部德语的《玛纳斯》画册。普热依尔将德文翻译成英文,并自行选取与插图内容一致的柯尔克孜文诗行翻译成英文置于译本中。这种翻译在德语、英语、柯尔克孜语之间混合进行,成为一种特别的翻译方式。回译则体现在一个早期的译本上。20世纪初的玛纳斯奇坎杰·卡拉（Kenje Kara）演唱的一个史诗片段被现场译成俄语记录下来，这个"不准确的俄文文本"（Prior, 2006: 134）多年后被回译成吉尔吉斯文出版。

5 《玛纳斯》翻译传播难点：完整性与时效性

由于篇幅宏大，完整性与时效性成为《玛纳斯》翻译传播中的一个难点。史诗十几万或几十万行的宏大规模限制了对其进行完整、及时、有效的翻译。

迄今为止，无论在苏联、吉尔吉斯斯坦还是我国，翻译出版的《玛纳斯》大多是一些片段、章节、删节本或分部。规模最宏大、演唱艺术最高的萨恩拜唱本、萨雅克拜唱本、居素普唱本全文都已经整理出版。遗憾的是，这些唱本迄今还没有出现任何语言的完整译文。之所以难以出现全译本，最主要的原因还是史诗篇幅巨大，造成翻译工程浩大。个人很难独立完成几十万行史诗的翻译，合作翻译又牵涉大量耗时费力的协调工作。此外，庞大的翻译任务还需要充足的资金支持和相关机构的高效组织，否则很容易中途夭折。以史诗汉译为例，我国20世纪60年代开始汉译居素普唱本，至今近60载，但其八部唱本的完整汉译文还没有全部付梓出版。进入新世纪，《玛纳斯》汉译得到相关部门的高度重视，作为一项重大文化工程正式启动。目前这个浩大工程还在进行。第一部汉译本2009年出版，后续几部已出版或正陆续出版中。毋庸置疑，完整汉译本的出版将会极大推动史诗的域内传播。

《玛纳斯》翻译传播的另一个难点是时效性。萨恩拜四卷删节本的俄译于1984年出版第一卷，到1995年出齐第四卷，中间历时11年。史诗删节译本尚需要很多年才能完成，更遑论全译文了。居素普唱本自2004年启动汉译工程，至今已有十余载，但八部汉译本尚未全部出齐。以上数据足以说明《玛纳斯》翻译的时效性难题。影响史诗快速有效翻译的除了长度规模外，还有史诗本身蕴含的博大内容。《玛纳斯》堪称一部百科全书，涉及柯尔克孜文化的方方面面，有些内容还相当古老。译者除了需要精通柯尔克孜语言外，还需要具备一定的柯尔克孜社会文化知识，否则很难胜任《玛纳斯》的翻译。我国民间文艺工作者在1965年汉译史诗时，碰到疑难问题，往往当面向歌手请教。此外，语言问题也是影响翻译时效性的一个因素。在我国，精通汉语的柯尔克孜族学者与精通柯尔克孜语的汉族学者人数都非常有限。实际上，像翻译《玛纳斯》这样内容丰富的宏大史诗，非合作而不能完成。在《玛纳斯》第一次规模化汉译当中，就是懂汉语的柯尔克孜学者和懂柯尔克孜语的汉族学者两人一组负责翻译一部史诗，通过这种合作方式完成"文革"前《玛纳斯》六部的汉译。

综上所述，要想让《玛纳斯》更快、更好地走向世界，需要及时推出完整译本，尤其是完整英译本。而实现这一梦想，除了相关部门重视、资金充足、有效组织、高效合作之外，还需要相关学者积极响应与参与，甚至需要各国学者的通力合作。

6 《玛纳斯》翻译传播缺点：史诗综合性特征的丢失

《玛纳斯》集语言诗性特点、文化表征功能、口头表演特征于一体，是一部综合性文学艺术作品。柯尔克孜民族擅长于创作韵律感极强的口头诗歌，这点在《玛纳斯》上体现得尤其充分。《玛纳斯》行行押韵，有时候还押头韵和腰韵。强烈的韵律节奏令该史诗在某种程度上被视为音乐作品，这也是为什么有些玛纳斯奇演唱时会使用传统乐器阔姆孜琴伴奏，有些学者会从音乐学视角来研究史诗并将史诗片段谱上乐曲。同时，《玛纳斯》涉及"政治、经济、文化、军事、宗教、历史、哲学、美学以及社会生活等各个方面，不仅是研究古代柯尔克孜族的百科全书，而且是研究我国北方乃至中亚民族关系史、文化史的重要口头文献"（阿地里，2007：6），具有强大的文化表征功能。此外，《玛纳斯》还是一部鲜活的史诗，今天依然被柯尔克孜民间歌手口头传唱，具有鲜明的口头表演特征和强烈的戏剧性效果。但是史诗的这三个主要特征在现有译本中均没有得到综合体现。

以《玛纳斯》三个重要英译本为例。哈图是典型的学术译本，采取散体形式，不仅丢失了诗歌韵律特点，而且丢弃了诗歌形式特点，将《玛纳斯》变成一个有关英雄主人公驰骋疆场的叙事故事。本民族学者艾尔米拉所肩负的民族文化宣介使命让她朝着文化译本的方向走去。丰富的文化注脚虽体现了史诗文化表征功能，但自由诗体的选择丧失了史诗的韵律特点。理查德·鲍曼指出，"世界范围内的每一个民族、每一种文化都有各自独特的诗歌，这种诗歌有着自己独特的形式结构和审美特点。我们应该充分尊重和欣赏不同文化所独有的诗歌特点并致力于对这些特点进行揭示和发掘。"（2008：265）显然，哈图和艾尔米拉的译本都没能揭示史诗独有的诗歌特征。梅依的文学译本可谓是行行押韵，最大限度地体现史诗的诗性特点，但该译本对史诗蕴含的柯尔克孜文化基本没有触及。至于"活态"史诗特有的口头表演特征，作为"文本化"的一个必然结果，在所有译本中都消失殆尽。"对于口头《玛纳斯》来说，印刷文本只是它传统的活形态表演形式的一种不完整的替代品。……演唱是口头史诗的生命，我们只能通过特定语境下的表演才能全面理解口头史诗的根本特征。"（阿地里，2003：103）

《玛纳斯》的口头表演特征除了体现在语言因素方面，如史诗中人物的对话、独白、歌手的全知视角叙述等，主要体现在非语言因素方面，如表演环境、听众反应以及歌手的身体动作、表情声调等。可以说，史诗歌手表演的是一场"草原戏剧"。表演舞台要么是暖意融融的毡房，要么是蓝天白云下的青草地，形成草原民族特有的戏剧舞台背景。在那里，"史诗人物似乎正'活脱脱'地走向'舞台'……'舞台'似乎被史诗人物与他们的活动填满……听众对正在表演的、视觉内的玛纳斯奇周围出现的那些看不见的、虚幻的史诗人物的真实性并不产生丝毫的怀疑……歌手充满激情的演唱，在这个特殊的'舞台'上造成强烈的冲击波……听众不知不觉中被现场的氛围所裹挟，并自觉不自觉地加入其中，对歌手的演唱施加影响。"（阿地里，2006：127–128）。以上是舞台背景以及听众与歌手互动所体现的表演特征。那么，玛纳斯奇采用身体动作、表情声调来达到戏剧性效果仅通过一个真实的表演场景便可了解：

萨凯木（萨雅克拜的昵称）的声音响彻大厅上空，他的胡须不停地抖动着,根根分明,两个衣摆不停地晃动,就像是他自个亲自保护着塔依托茹骏马向前奔驰一样:雄狮玛纳斯你为何要死去?我这婆娘为何如此悲伤?怎样的苦难降落头顶,……他就这么唱着,随着史诗的女主人公卡妮凯啜泣起来。(阿地里,2009:101–102)

此外,史诗的口头表演特征还体现在演唱的时空限制、服装道具等方面,此不赘述。然而,上述口头表演特征无法在译本中一一反映出来,给西方读者呈现的《玛纳斯》俨然是与荷马史诗、欧洲中世纪史诗一样的文本形式。这不得不说是"活态"史诗在翻译传播过程中的一大缺憾。

7 结语

《玛纳斯》各种片段、经典篇章、删节本以及分部已经被翻译成十几种语言文字,包括世界上主要语言文字如汉文、英文、俄文、德文、日文、法文等,在广阔的范围内传播。随着《玛纳斯》进入"人类非物质文化遗产代表作名录",该史诗必将被译成更多语言文字得到更广泛地传播。民族的即是世界的,优秀的民族文化遗产应该为全人类所拥有。但是,就目前《玛纳斯》各种语言译本包括文中提到的影响比较大的几个英译本来看,都存在一些不足,不能够较全面反映这部"活态"史诗的语言诗性特点、文化表征功能和口头表演特征。这是《玛纳斯》史诗目前的翻译传播现状,同时也给我们提供了进一步研究的空间,即如何才能更好地翻译传播这项世界级非物质文化遗产。民族志诗学、深度描写理论、影像文化志等跨学科理论方法对于呈现《玛纳斯》的诗歌特点、文化功能以及表演特征具有很大的启示意义。由小见大,通过"活态"史诗翻译研究,可以进入口头文学翻译研究领域,探索这类"活态"文学翻译的可行性和规律性以及翻译原则和翻译方式等。

【参考文献】

Hatto, Arthur T. *The Memorial Feast for Kökötöy-Khan (KökötöydünAšı): a Kirghiz Epic Poem edited for the first time from a photocopy of the unique manuscript with translation and commentary* [M]. New York and London: Oxford University Press, 1977.

Hatto, Arthur T. *The Manas of Wilhelm Radloff: re-edited, newly translated and with a commentary* [M]. Wiesbaden: O. Harrassowitz, 1990.

Howard, Keith, Saparbek Kasmambetov. *Singing the Kyrgyz Manas: Saparbek Kasmambetov's Recitations of Epic Poetry* [M]. Folkestone, Kent: Global Oriental, 2011.

Köçümkulkïzï, Elmira. *The Kyrgyz Epic Manas* [EB/OL]. http://www.silk-road.com/.

May, Walter. *Manas* [M]. Bishkek: Rarity, 2004.

Prior, Daniel. *The Semetey of Kenje Kara: A Kirghiz Epic Performance on Phonograph* [M]. Wiesbaden: Otto Harrassowitz GmbH & Co. KG, 2006.

阿地力·朱玛吐尔地，托汗·依莎克．《玛纳斯》演唱大师——居素普·码码依评传[M]．呼和浩特：内蒙古大学出版社，2002．

阿地里·居玛吐尔地．《玛纳斯》史诗的口头特征[J]．西域研究，2003（06）．

阿地里·居玛吐尔地．《玛纳斯》史诗歌手研究[M]．北京：民族出版社，2006．

阿地里·居玛吐尔地．《玛纳斯》史诗与柯尔克孜族史诗传统[N]．中国社会科学院院报，2007-10-30．

阿地里·居玛吐尔地．口头传统与英雄史诗[M]．北京：中央民族大学出版社，2009．

居素普·码码依．玛纳斯（第一部）[M]．阿地里·居玛吐尔地译．乌鲁木齐：新疆人民出版社，2009．

胡振华．柯尔克孜民族英雄史诗《玛纳斯》及其研究[A]．民族文学论文选[C]．北京：中央民族学院出版社，1987．

郎樱．《玛纳斯》论[M]．呼和浩特：内蒙古大学出版社，1999．

[美]理查德·鲍曼. 作为表演的口头艺术[M]. 杨利慧、安德明译. 桂林：广西师范大学出版社，2008.

[美]马克·本德尔. 略论中国少数民族口头文学的翻译[J]. 吴珊译. 民族文学研究，2005（02）.

热扎克·买提尼牙孜. 西域翻译史[M]. 乌鲁木齐：新疆大学出版社，1996.

王宏印，王治国. 集体记忆的千年传唱：藏蒙史诗《格萨尔》的翻译与传播研究[J]. 中国翻译，2011（02）.

现代伊朗①的语言和翻译政策

伊斯梅尔·哈达迪恩－穆加达姆　雷讷·梅赖埃兹　著
蒋剑峰　编译

1　引言

伊朗是一个多民族国家，境内语言多样，分布着波斯语、阿塞拜疆土耳其语、库尔德语、俾路支语、阿拉伯语等75种语言（Ethnologue, 2009）。波斯语作为官方语，在国家行政、法律、教育等领域扮演着重要的作用。据统计，以波斯语为母语的人群仅占全国总人口的53%（CIA World Factbook, 2013），也就是说，占了近一半人口、以本族语为第一语言的少数民族人士②如果不懂波斯语，将无法顺利参与公共生活，享受民主权利。1979年，伊朗颁布《伊斯兰共和国宪法》（以下简称《宪法》），为保障少数民族群体的人权和自由确立了法律依据，但根据联合国人权理事会的报告，伊朗的少数民族群体在现实生活中依然受到诸多不公正的待遇，尤其在社会经济、语言文化等领域（UNHRC, 2012: 18）。当局对单语制有强烈的诉求，但同时，语言的多样化又是一个无法忽视的事实，要调和这一矛盾，翻译扮演着举足轻重的作用。通过制定和实施恰

---

① 本文中的"现代伊朗"特指宪法革命（1905—1911）以来的伊朗。
② 具体来说，以阿塞拜疆土耳其语和土耳其语方言为第一语言的为18%，库尔德语为10%，吉拉克语和马赞德兰语为7%，卢里语为6%，俾路支语为2%，阿拉伯语为2%，其他语言为2%（CIA World Factbook, 2013）。

当的翻译政策，不仅可以帮助少数民族群体融入主流社会，还有利于国家统一和领土完整。

目前，已有不少研究探讨语言权利、语言政策、少数民族和移民群体的社会融合等问题（Van Parijs, 2007 & 2010; Spolsky, 2009; Patten, 2009; De Schutter, 2007 等），但是作为语言政策的一部分，翻译政策所扮演的重要角色却一直未受学界重视。在翻译研究中，也有联系语言政策对翻译政策的探讨，但较为零散（Cronin, 2006; Schäffner, 2008; De Pedro et al, 2009 等）。对伊朗语言政策的研究主要关注语言规划或语言纯洁主义（Sadeghi, 2001; Majid-Hayati & Mashhadi, 2010; Marszałek-Kowalewska, 2011），即使有个别研究关注少数民族语言，也都带有较强的政治倾向（Sheyholislami, 2012; Hassanpour, 2012）。对伊朗翻译政策的探讨则几乎为零。为此，本文通过个案研究，从官方场合和官方媒体两个角度对现代伊朗的语言和翻译政策进行描述和分析，并尝试揭示其语言和翻译政策在民族融合和公民参与中所扮演的角色。

2 语言政策和翻译政策

从 15 世纪起，随着集权国家统治者和欧洲殖民者开始意识到统一语言（甚至文化）对于提高人民对国家忠诚度的重要性（De Varennes, 2012），语言问题逐渐上升到国家战略的高度。语言成为民族的象征，共同体建设的工具，民主合法化和民主参与的基础。有了统一的语言，公民就可以与当局进行无障碍的交流和沟通，读懂和理解以公民名义发布的法律，投票，读懂官方发布的文件，等等。但要实现以上目标，国家必须通过语言政策对语言进行制度化，即以法律的形式规定语言在教育、法律、行政和媒体等公共领域的使用规则。一般来说，语言政策体现的是当局对一个国家、一个民族使用同种语言的理想。但正如上文所说，这种理想化的单语制是与语言多样化的现实相冲突的。因此，在一个多语共存的社会里，为了确保公民的团结以及对国家的忠诚，当局必须根据现实情况适时调整语言政策，翻译的地位和作用便凸显出来了。

事实上，语言使用规范的制度化必然包含着翻译规范的制度化（Meylaerts, 2011），尤其在伊朗这样的多语种国家。在此，我们把翻译政策定义为一整套对教育、法律、行政、媒体等公共领域的翻译活动进行规范的合法的规则。但是翻译政策的存在不依赖明确的规则，即便明文规定，其落实也不一定能得到保证。另外，翻译政策可以有利于少数民族群体与主流社会的融合，但同时也存在排斥少数民族群体的风险，这种两面性使得翻译政策成为一个值得关注的话题。此外，从翻译的视角探讨语言政策或许是"对语言权利的崇高追求与关于语言政策的艰难抉择之间的一个折中解决方案"（González Núñez, n.d.）。梅赖埃兹（Meylaerts, 2011）曾针对当局和公民在特定语境中进行的沟通情况，提出了四类语言和翻译政策：

（1）完全的单语制，即仅以一门官方语言来调节当局与公民之间在公共领域的沟通。在完全的单语制下，实行严格的翻译政策：一方面，以少数民族语言书写的文件或信息必须译为官方语言，才能获得官方地位或法律效力；另一方面将公共领域的信息译为少数民族语言或移民语言则是禁止的（有时甚至明令禁止）。因此，操非官方语的公民如要融入社会，必须掌握官方语言，成为多语人士。支持者认为这样的单语制有利于少数民族融合和国家统一（Schuck, 2009; Wong & Pantoja, 2009），反对者则认为单语制会导致少数民族语言文化消亡、高辍学率或学业不良、高失业率、社会排斥等问题（Gülmüs, 2007）。

（2）完全的多语制，即多种语言平等共存并实行强制性的多向翻译政策。在完全的多语制下，公民只需凭借母语，就能参与教育、法律、行政等公共领域的活动。在多向翻译的保障下，公民也无须改变其单语身份。当然在现实中，当局不可能对每一种语言进行翻译。根据国家行政法上的比例原则，正当合理的翻译服务应该与操某一语言的相对人口数成正比。除了财务和组织方面的问题，有学者认为这种完全的多语制还会增加隔都化（ghettoization）[①]的风险，并阻碍社会凝聚力的形成和国家身份的认同（Van Parijs, 2008）。

（3）单语制，实施单语制，只是偶尔或出于临时需要会将官方语译为少数民族语言。相比于上述两种极端的语言政策，这种折中的方案允许特定场合的翻译活动，比如在法庭、医疗机构、行政机构、选举等场合提供口译服务。但是，不翻译政策依然占据着主导地位；即使存在翻译活动，也是为了消除歧视等方面的顾虑。如此，官方语言的主导地位就不会受到影响。但是，反对者认为这种有条件的翻译政策依然会阻碍民族融合，并加剧语言或其他方面的隔都化（Easton, 2006; Van Parijs, 2007）。

（4）单语制和多语制相结合的语言政策，即以行政层级为基础，在地方层面实行单语制，在更高层面（比如联邦政府）实行多语制，并强制要求多向翻译的语言政策；或者相反，在更高层面实行单语制，在地方层面实行多语制。这种单语制和多语制相结合的政策常见于居住有土生土长的少数民族群体的国家，比如比利时和加拿大在联邦层面实行多语制，在地方（即区和省）则以单语制为主。英国则在政府层面实行单语制，在威尔士等地方政府和机构实行多语制。

以上分类具有一定的普遍性，可用来描述当局针对少数民族群体的语言和翻译政策。另外，通过对政策的分析，还可以看出一个国家、一个地区或某一地方的语言公平（linguistic justice）水平。如果一个重视公民参与、尊重人权的多语言社会不为其中的少数民族群体提供翻译服务，那么可以说这个社会扰乱了语言公平，或者说忽视了翻译公平（translational justice）。从语言权利的角度来看，少数民族群体将因此处于不利的地位。通过对少数民族或移民群体的限制性翻译政策的考察，有助于我们深刻认识不翻译政策、公民参与和民族融合之间的关系（Meylaerts, 2011）。

[①] "隔都化"一词源于意大利语"ghetto"，意指城市在发展过程中由于种种原因导致的居住区隔离现象（王新中，车效梅，2010）。

3 伊朗官方场合下的语言和翻译政策

波斯语是伊朗唯一的官方语言，但以非波斯语为母语的人口占全国总人口的47%。根据1906年颁布的《选举法》第四条，被选举人"必须是懂波斯语、能用波斯语读写，且具有波斯血统的波斯国民"。这应该是现代伊朗历史上第一条以立法形式确立的语言政策。伊朗是一个典型的多民族国家，不同的民族操着不同的语言。但是，无论是1906年的《基本法》，还是1907年的补充条款，均未提及翻译。可以推断，伊朗虽然有着近一半人口的少数民族群体，但当时并不存在官方的、以推动官民沟通为目的的翻译活动。1925年礼萨·汗建立巴列维王朝后，开始实行"泛波斯主义"的民族整合政策和中央集权政策，派遣波斯语官员到讲土耳其语、库尔德语、阿拉伯语等语言的省份担任要职，少数民族部落的生活和文化因此遭到严重破坏（Katouzian, 2009: 213-214）。礼萨·汗逊位后，继任的穆罕默德·礼萨·巴列维为实现国家现代化，继续实行波斯化和世俗化的国家政策（Kia, 1998: 32）。直到1979年的伊斯兰革命，波斯语一直是伊朗唯一的官方语言，在行政、司法、教育等官方领域起着无可替代的作用。如果说革命前的伊朗实行的是以民族同化和国家主义为本的语言政策（Safran, 1999: 78），那么在革命后，随着伊朗成为政教合一的伊斯兰国家，阿拉伯语开始成为第一语言，凌驾于波斯语之上，但革命者们很快意识到保护波斯语作为官方语地位的重要性。根据谢霍利斯拉米（Sheyholislami）的观点，后革命时代的伊朗依然推行以"波斯化"为"主体"的语言政策，且该政策具有三个特点："（1）把多语制视为对国家领土完整和统一的威胁；（2）限制非波斯语语言的使用；（3）巩固波斯语的最高地位，通过推广波斯语将民族和语言多样化的国家统一起来"（2012: 21）。如果谢霍利斯拉米的观点是对的，这一切对伊朗的少数民族意味着什么？在民族融合和民主化进程中，翻译是否发挥了应有的作用？

《宪法》第十五条对伊朗的语言政策有明确的规定："伊朗人民通用国

语是波斯语,正式文件、书信和学校教材应使用波斯文书写,但各个组织的报刊和宣传品以及各地学校的文学课程在使用波斯语的同时,也可以使用地方语言和民族语言。"尽管《宪法》对少数民族语言的使用限制有所宽缓,但伊朗实行的依然是以波斯语为主导的单语政策,强制要求在官方场合使用波斯语。根据梅赖埃兹对语言和翻译政策的分类,可以将之归为"完全的单语制"。也就是说,非波斯语文件或信息(如公告、公示语、表格)若要产生官方或法律效力,必须译成波斯语,但当局(如地方服务机构)若要与少数民族群体进行书面沟通,却实行不翻译政策。换句话说,少数民族群体在与官方沟通时无权使用自己的本族语言,然而要看懂官方文件,他们又必须掌握波斯语。比如,一名以土耳其语为母语的公民提起书面投诉时必须用波斯语,尽管与相关人员沟通时可以使用本族语。在这种单语政策和不翻译政策(至少在书面语层面)的制约下,少数民族群体经常处于劣势地位,比如俾路支人"经常担心他们的公共生活参与程度过低,因为他们在政府高层未能得到充分的代表"(UNHRC, 2012: 19)。

　　类似的情况也出现在国家的民主机制中,比如议会。伊朗的议会由来自全国各地的代表(MP)组成,包括少数民族地区代表在内。但是在官方场合,议员们只能使用波斯语,连拜火教、犹太教和基督教等主要宗教群体的代表也不例外。除了偶有代表在演讲中使用阿拉伯语(通常是引用《古兰经》或《圣训》)外,波斯语是默认的通用语言。即使少数民族议员在场,也不设翻译,除非现场有外宾出席。但是,在议员与选民沟通的时候,波斯语的使用却不是强制性的,比如在他们的议会办公室或者在他们所代表的城市。然而根据一项针对少数民族议员官方网站的调查显示,他们的网站却只有波斯语一个版本,上面没有双语内容,也不提供翻译[1]。也就是说,无论在议会内部,还是外部,少数民族语言均是缺席的,这一后果的始作俑者便是单语制和不翻译政策。又如,投票权是伊朗所有18岁以上公民享有的合法权利,也是民主参与的重要一环,但是《议会选举法》只字不提翻译;而没有翻译,少数民族群体积极参与民主进程之事便无从

---

[1] 比如大不里士省议员雷扎·拉赫玛尼(Reza Rahmani)的官方网站(http://rezarahmani.org)。

谈起。总的来说,在单语政策和不翻译政策的保护伞下,波斯语长期占据着伊朗唯一官方语的地位。

《宪法》把波斯语立为国家的通用语言,而要使这一条文与现实接轨,伊朗当局必须诉诸教学,帮助非波斯语群体掌握波斯语,成为双语人士。这也成为不翻译政策存在的依据之一。但是,不折不扣的单语制和不翻译政策是不现实的,会阻碍当局与少数民族群体的沟通,妨碍少数民族群体享受公共服务,甚至危及民族融合,所以才有了第十五条中的让步:"各个组织的报刊和宣传品以及各地学校的文学课程在使用波斯语的同时,也可以使用地方语言和民族语言。"这意味着少数民族群体在有义务学习波斯语的同时,可以保留自己的语言和文化。《宪法》第十九条也规定:"伊朗各民族、各部落都享有平等权利,肤色、种族和语言等等不能成为享有特权的原因。"尽管如此,法律条文和现实还是存在较大的差距,比如库尔德人在公共场合展示自己的本土语言和文化传统时,依然会遇到许多阻碍(IHRDC, 2013; US DOS, 2012)。另外,根据国际特赦组织的报告,伊朗的少数民族群体依然难以在课堂上用本族语开展教学,也不能在政府办公室以书面形式使用本族语(Amnesty International, 2012)。

官方倡导的波斯语教学为单语政策的实施提供了必要条件,但少数民族孩子因此承担着双重的学习压力。他们在学习基本文化知识的同时,还要学习一门新的语言——波斯语。虽然他们从小或多或少地受过双语环境(本族语和波斯语)的熏陶,但从六岁入学直到大学毕业,他们接受的是彻底的单语教育:波斯语是唯一的授课语言,教材也都是波斯语书[①]。且不说这种学习模式对少数民族语言和文化来说是一种慢性自杀,单说现状,"多项研究证实,少数民族学生的辍学率是最高的,其学业成绩也是最令人担忧的"(De Varennes, 2012)。根据 2008 年伊朗少数民族人权组织(IMHRO)的报告,大量以非波斯语为母语的孩子提前离校,少数民族群体的识字率也非常低(UK Border Agency, 2013)。尽管也有学生偏爱以波斯语接受教育(De Varennes, 2012),但不可否认的是,少数民族群体复兴其本土语言和文化的意识正越来越强烈(Bani-Shoraka, 2002),并从此衍

---

① 除了某些宗教和文化课会使用有限的非波斯语,比如亚美尼亚语(Nercissians, 2001)。

生出了一个有趣的现象——志愿者翻译（volunteer translation）①。比如，课堂上，老师和学生经常发现自己下意识地在波斯语和本族语之间转换。除了教育领域，志愿者翻译也经常出现在当局与民众的沟通中，尤其在大不里士、亚苏季、萨南达季等少数民族较为聚集的城市，译者一般是掌握双语的公务员、亲属或其他双语人士。此外，选举现场也是志愿者翻译大量存在的地方，因为选票上只有波斯语。由于缺乏实证数据，这种翻译形式的规模到底如何，我们暂且无法确知。但是无论如何，官方场合的确存在翻译，只不过这种翻译完全由个人发起，也不受到官方的干涉。这一现象表明，彻底的不翻译政策是不现实的，民众也有着与当局开展有效沟通的需求。

4 伊朗官方媒体中的语言和翻译政策

伊朗实行以波斯语为主导的单语制，虽然有偶尔为之的志愿者翻译，但在官方场合，不翻译政策依然占据着主导地位，这似乎印证了学界广为推崇的关于伊朗实行的是以"波斯化"为"主体"的语言政策的说法（Sheyholislami, 2012）。伊朗的官方媒体是否也是如此？其语言和翻译政策又是怎样一番景象？在本部分，笔者将以伊朗最大的国有广播电视媒体伊斯兰共和国广播电视台（IRIB，以下简称"国家电视台"）库尔德斯坦省分台（KIRIB，以下简称"库省分台"）的电视节目为个案，考察以库尔德语②为代表的少数民族语言在官方媒体中的使用和翻译活动的开展情况。

库尔德斯坦省位于伊朗西部，其居民的母语以库尔德语为主。库省分台作为国家电视台的一个分支，其言论自由受到《宪法》第一百七十五条的制约，必须"按照伊斯兰教义进行宣传"，且伊朗最高领袖对媒体控制和政策制定有着绝对的权力。库省分台从午夜12点至上午7点的节目

---

① 志愿者翻译可作为社区翻译（community translation）、众包翻译（crowdsourcing）、合作翻译（collaborative translation）的统称（Pym, 2011）。
② 库尔德语是除阿塞拜疆土耳其语和土耳其方言以外的第二大少数民族语言。

包括娱乐节目（电影、电视剧）和两次早间祷告（Call to Prayer），现场直播从上午 7 点的《早安》（Beyani bash）开始，接着是各类节目，中间穿插午间祷告、晚间祷告、广告和填充性节目。这些节目中，有的是本地制作，有的来自国家电视台，也有的是通过国家电视台从国外采购而得，包括音乐、游戏、脱口秀、电影、纪录片、儿童节目、新闻、体育等。

由于研究人员不在伊朗国内，本研究采用虚拟民族志和档案调查的研究方法，即通过库省分台官网（http://kordestan.irib.ir）和节目档案（KIRIB archive）收集相关数据①，并以 2013 年 5 月 6 日当日播放的电视节目作为分析对象②。研究发现，库省分台的电视节目语言并非单一的波斯语，还包括库尔德语和阿拉伯语，有的节目甚至是双语或多语。部分节目提供翻译，翻译形式有旁白、字幕、配音、要旨翻译（gist translation）等，译者有时由主持人兼任。下面以《本地新闻》（Local News）、《古兰经诵读》（Recitation of the Quran）、《早安》和《祖国的蝴蝶》（Papulakaninishtaman）四档节目为例，一窥伊朗官方媒体中的语言和翻译政策。

《本地新闻》一天播放四次，其中三次用波斯语（10:45、16:45、22:30），一次用库尔德语（19:30），分别历时 50 分钟和 20 分钟。库尔德语版本较短，播放时间却是一天中收视率最高的黄金时段，而且无论是波斯语版本，还是库尔德语版本，都不提供翻译，这意味着一位只会说波斯语的观众如果正好观看库尔德语新闻，他将无法理解，或者最多只能听懂某些字词。此外，有些新闻报道在两个语言版本中几乎毫无二致，唯一的不同便是画面里同样的人说的是不同的语言。这些分两次拍摄的镜头确保了说话人可以用不同的语言表达同样的内容。这一现象也出现在其他双语节目中，如《祖国的蝴蝶》。鉴于波斯语是官方语言，而且波斯语版本篇幅更长、包含的信息更多，可以推断库尔德语版本是在波斯语文本的基础

---

① 库省分台官网提供其所有节目的在线流媒体服务，并且每日更新，但是由于加载时间过长、录制困难等技术上的原因，我们以库省分台的节目档案作为补充。节目档案主要提供节目介绍、节目目标等信息以及每个节目的视频片段等。

② 为了力求研究结果的普遍性，我们选取了 2013 年 5 月 6 日作为调查对象。当天为周一，是工作日的第三天（伊朗实行六天工作制，周五休息），而且当日除了一档 30 分钟的关于总统选举的纪录片（Zaniyari）外，没有播放任何特殊事件。这从一定程度上保证了调查对象的非特殊性。

上翻译而成的。因此，尽管在屏幕上看不到字幕等形式的翻译，但为了保证节目的单语特征，翻译依然在幕后发挥着作用。在《本地新闻》中，也存在着显性的翻译，比如在库尔德语版本中，只要出现官方人士讲波斯语，就能听到库尔德语配音，但配音内容仅仅是讲话的要旨，而不是对讲话的逐字直译[1]。该现象说明，并非所有的库尔德人都懂波斯语；节目制作人或许同时是在有意推动库尔德语在媒体中的地位。

《古兰经诵读》是一档提供字幕翻译的节目。节目中，《古兰经》用阿拉伯语诵读，但阿拉伯语文本会与其对应的波斯语译文平行出现在屏幕底部。波斯语译文来自某一权威译本，但具体来源电视台并没有说明。实际上，《古兰经》也有库尔德语译本，但制片方并没有提供库尔德语字幕，这再一次印证了波斯语的官方语地位。

《早安》是一档现场直播的脱口秀节目，除周五外，每天上午七点播出，长度75分钟。虽然是双语节目，主持人大多数时候说的还是库尔德语，有时视情况需要也会在波斯语和库尔德语之间进行转换。比如，有一次节目邀请了一位律师谈伪造罪的问题。主持人开始时说的是库尔德语，但当他转向嘉宾时，他开始说波斯语。嘉宾从头到尾说的都是波斯语，而且电视台不提供任何形式的翻译。波斯语的官方地位可见一斑。

《祖国的蝴蝶》也是一档双语节目，目标观众为儿童，每天上午九点播出，时长40分钟。节目片头是一首库尔德语歌曲，但不提供波斯语翻译。大多数时候，主持人说的是库尔德语，尤其与现场孩子说话的时候，但是一到唱歌和阅读环节，主持人就开始说库尔德语和波斯语，并会把波斯语现场翻译成库尔德语。这说明孩子们的母语通常是库尔德语，但是随着他们进入以波斯语为授课语言的学校，他们便逐渐成了双语者，因此主持人的翻译活动或许主要针对的是已经入学的孩子。

库省分台的电视节目丰富多样，语言的使用也较为复杂，且存在多种形式的翻译活动。通过宏观比较还可以发现，除去约30分钟的祷告以及5.5小时的广告（均为波斯语）和填充性节目（波斯语和库尔德语），在剩下的时长共计18小时的33个节目中，库尔德语仅占7个，时长共315分

---

[1] 视频见 https://www.youtube.com/watch?v=Or9fFE6rX64。

钟，波斯语有 12 个，时长共 555 分钟，其余 210 分钟为双语节目（见表 1）。从数量上看，波斯语节目多于库尔德语节目，而且前者占了总时长的一半以上。但在双语节目中，由于无法衡量波斯语与库尔德语的准确比例，因此也不能简单地断言库尔德语观众相比于波斯语观众处于不利的地位。可以肯定的是，库尔德语在双语节目中的存在确实比波斯语更为显著。通过以上观察和分析可以发现，库省分台的观众对翻译，尤其是波斯语到库尔德语的翻译，有着潜在的需求，而这一需求首先体现在新闻节目和儿童节目中，尤其是动画片，因为库省分台的动画片主要是用波斯语配音的。另外，出于翻译公平的需要，库省分台也应该为听障人群提供字幕翻译，但考虑到库尔德语的语言标准化问题尚未解决，这或许会影响到节目内容和字幕的制作以及不同库尔德群体对节目的接受。

表 1　库省分台波斯语、库尔德语和双语节目比较（播出时间：2013 年 5 月 6 日）

项目	节目数（个）	总时长（分钟）	百分比（%）
库尔德语节目	7	315	29.17
波斯语节目	12	555	51.39
带翻译的双语节目	14	210	19.44
共计	33	1080	100

5　结语

通过考察伊朗官方场合下和官方媒体中的语言和翻译政策，可以发现，波斯语占据着伊朗语言政策的核心地位。它一方面是伊朗人民身份认同的重要依据，另一方面又在一定程度上遮蔽了民族多样化的现实。1979 年伊斯兰革命以前，伊朗实行严格的民族同化政策，学习波斯语是一种强制性的民族融合手段，但是在后革命时代，虽然语言政策变得更为灵活，少数民族使用本族语却依然处处受挫。在国家的民主化进程和民族融合中，官方并不提供针对少数民族语言的翻译服务。但在现实生活中，出现了自发性的志愿者翻译，从而为少数民族语言和文化的延续提供了一定的保障。

但在以国家电视台库省分台为代表的官方媒体中，波斯语、库尔德语、阿拉伯语等多语种的共存使得翻译成为一种需求，并派生出旁白、字幕、配音、要旨翻译等隐性或显性的翻译形式。因此相比于官方场合，媒体对多语种的存在似乎更加宽容，这与库省分台的官媒性质有着密切的关系。在伊朗，像库省分台这样的少数民族媒体是由国家资助和运营的，并受到国家的管辖，因此在一定程度上符合里金斯（Riggins, 1992）提出的关于国家支持少数民族媒体的"先发制人模式（pre-emptive model）"和"劝诱模式（proselytism model）"。也就是说，库省分台的库尔德语节目和双语节目并非仅仅是对《宪法》第十五条的响应，而更大程度上是一种对抗库尔德"激进媒体"的先发制人的策略。此外借助于少数民族语言，国家还能宣传官方的意识形态以及某些特定的观点，以实现劝诱的目的。

本文通过个案研究对伊朗的语言和翻译政策进行了描述和分析，但仅此远远不够，还需研究者在实证研究的基础上加以归纳总结，从翻译政策的角度对现有的语言政策理论进行深入探讨，建立起一个可用来分析翻译政策与民族融合的关系的理论模型，并利用该模型制定长远的有助于少数民族融合的战略措施。

【参考文献】

Amnesty International. Annual Report 2012, Iran [R/OL]. http://www.amnesty.org/en/region/iran/report-2012, 2012-03.

Bani-Shoraka, H. The Iranian language policy of the twentieth century: The case of Azerbaijaniin Tehran [A]. A. Rabo & B. Utas (eds.). *The Role of the State in West Asia*. Istanbul: Swedish Research Institute in Istanbul. 2002: 141-150.

CIA World Factbook. Middle East: Iran [R/OL]. https://www.cia.gov/library/publications/the-world-factbook/geos/ir.html, 2013-01.

Cronin, M. *Translation and Identity* [M]. London: Routledge, 2006.

De Pedro, R., Isabelle, A. P. & Christine W. *Interpreting and Translating in Public Service Settings: Policy, Practice, Pedagogy* [C]. Manchester: St. Jerome, 2009.

De Schutter, H. Language policy and political philosophy [J]. *Language Problems & Language Planning*, 2007(31:1): 1-23.

De Varennes, F. Language, rights and opportunities: The role of language in the inclusion and exclusion of indigenous peoples (not for publication) [R/OL]. http://hku-hk.academia.edu/FernanddeVarennes, 2012-03.

Easton, M. Cost in translation [R/OL]. BBC World News. http://news.bbc.co.uk/2/hi/uk_news/6172805.stm, 2006.

Ethnologue: Languages of the World, Iran [R/OL]. http://www.ethnologue.com/show_country.asp?name=IR (2009), 2013-03.

González Núñez, G. (n.d.). Chapter three: translation anyone? A critical review of the literature on language rights (Doctoral dissertation in progress).

Gülmüs, Z. *Muttersprachliche Ansprache als Integrationsstrategie: Eine Translatologische Studie zu Türkischsprachigen Informationsangeboten* [M]. Frankfurt am Main: Peter Lang, 2007.

Haddadian-Moghaddam, E. & Meylaerts, R. Translation policy in the media: A study of television programs in the province of Kurdistan in Iran [J]. *Translation Spaces*, 2014 (03): 71-98.

Haddadian-Moghaddam, E. & Meylaerts, R. What about translation? Beyond "Persianization" as the language policy in Iran [J]. *Iranian Studies*, 2015 (48;6): 851-870.

Hassanpour, A. The indivisibility of the nation and its linguistic divisions [J]. *International Journal of the Sociology of Language*, 2012 (217): 49-73.

IHRDC (Iran Human Rights Documentation Center) [R/OL]. http://www.iranhrdc.org/english/, 2013-02.

Katouzian, H. The Persians: Ancient, Mediaeval and Modern Iran [M]. New Haven, CT: Yale University Press, 2009: 213-214.

Kia, M. Persian nationalism and the campaign for language purification [J]. *Middle Eastern Studies*, 1998 (34:2): 9-36.

Majid-Hayati, A. & Mashhadi, A. Language planning and language-in-education policy in Iran [J]. *Language Problems and Language Planning*, 2010 (34:1): 24-42.

Marszałek-Kowalewska, K. Iranian language policy: a case of linguistic purism [J]. *Investigationes Linguiticae*, 2011 (22): 89-103.

Meylaerts, R. Translation policy [A]. Y. Gambier & L. Van Doorslaer (eds.). *Handbook of Translation Studies, Volume 2*. Amsterdam: John Benjamins. 2011: 163-168.

Meylaerts, R. Translational justice in a multilingual world: An overview of translational regimes [J]. *Meta*, 2011 (56:4): 743-757.

Nercissians, E. Bilingualism and diglossia: patterns of language use by ethnic minorities in Tehran [J]. *International Journal of the Sociology of Language*, 2001 (148): 59-70.

Patten, A. The justification of minority language rights [J]. *The Journal of Political Philosophy*, 2009 (17:1): 102-128.

Pym, A. Translation research terms: a tentative glossary for moments of perplexity and dispute [A]. A. Pym (eds.). *Translation Research Projects*. Tarragona: Intercultural Studies Group. 2011: 108-109.

Riggins, S. H. *Ethnic Minority Media: An International Perspective* [M]. London: Sage, 1992.

Sadeghi, A. A. Language planning in Iran: a historical review [J]. *International Journal of the Sociology of Language*, 2001 (148); 19-30.

Safran, W. Nationalism [A]. J. A. Fishman (eds.). *Handbook of Language and Ethnic Identity*. Oxford: Oxford University Press. 1999: 77-93.

Schäffner, C. Behindert Übersetzung die Integration? [A] G. Vorderobermeier & M. Wolf (eds.). *"Meine Sprache grenzt mich ab...." Transkulturalität und kulturelle Übersetzungim Kontext von Migration*. Wien: LIT Verlag. 2008: 169-188.

Schuck, P. Immigrants' incorporation in the United States after 9/11: two steps forward, one step back [A]. J. Hochschild & J. H. Mollenkopf (eds.). *Bringing Outsiders in: Transatlantic Perspectives on Immigrant Political Incorporation.* Ithaca, NY: Cornell UP. 2009: 158-175.

Sheyholislami, J. Kurdish in Iran: A case of restricted and controlled tolerance [J]. *International Journal of the Sociology of Language*, 2012 (217): 19-47.

Spolsky, B. *Language Management* [M]. Cambridge: Cambridge University Press, 2009.

UK Border Agency. Iran. Country of Origin Information (COI) report [R/OL]. http://www.ecoi.net/file_upload/1226_1358868238_report-0611.pdf, 2013-03.

UNHRC (United Nations Human Rights Council). Report of the special rapporteur on the situation of human rights in the Islamic Republic of Iran [R/OL]. http://www.ohchr.org/Documents/HRBodies/HRCouncil/RegularSession/Session19/A-HRC-19-66_en.pdf, 2012, 2013-03.

US DOS (US Department of State). Country reports on human rights practices for 2011, Iran [R/OL]. http://www.state.gov/j/drl/rls/hrrpt/humanrightsreport/index.htm?dynamic_load_id=186425#wrapper, 2012, 2013-03.

Van Parijs, P. Linguistic diversity as curse and as by-product [A]. X. Arzoz (eds.). *Respecting Linguistic Diversity in the European Union.* Amsterdam: John Benjamins. 2007: 17-46.

Van Parijs, P. Linguistic justice for Europe, Belgium and the world [A]. B. Raeymaekers (eds.). *Lectures for the XXIst Century.* Leuven: Leuven University Press. 2008: 13-36.

Van Parijs, P. Linguistic justice and the territorial imperative [J]. *Critical Review of International Social and Political Philosophy*, 2010 (13:1): 181-202.

Wong, J. & Pantoja, A. In pursuit of inclusion: citizenship acquisition among Asian immigrants [A]. J. Hochschild & J. H. Mollenkopf (eds.). *Bringing Outsiders in: Transatlantic Perspectives on Immigrant Political Incorporation.* Ithaca, NY: Cornell UP. 2009: 260-176.

王新中，车效梅. 耶路撒冷的"隔都化"及其影响. 西亚非洲, 2010（01）: 50–55.

术语与翻译：阿拉伯世界视角

哈桑·哈姆扎　著
闫雪芹　编译

1　通用辞典中的术语

不同专业领域每天可能有成千上万的术语产生。不少术语逐渐渗入到人们的日常语言和通用辞典中，这种现象近年来更为普遍。梅耶（Meyer）与麦金托（Mackintosh）指出"预计主要词典中超过百分之四十的词语条目是术语，尽管术语并非词典编纂者的主要关注点"（自译）（2000: 201）。在对阿语单语词典和法－阿以及阿－法双语词典调查后，我们发现术语在阿语通用辞典中同样占有巨大比重。《法－阿曼哈尔双语词典》中（Abdel-Nour, 1983）接近四分之一的词语条目是术语。与此相反，阿语单语词典以及以阿语为源语言的双语词典中术语的比重则较低：大约15%。为何以阿语为目标语的双语词典中的术语要显著多于阿语单语词典或以阿语为源语的双语词典中的术语呢？我们认为有以下四种原因：

1. 如今阿语对科技发展和知识传播的贡献十分有限，因此，以阿语为主或源语的词典包含较少术语。

2. 阿拉伯国家的教育语言常常为外语，尤其是科学以及很多人文与社会科学，因此外语词典则常常包含更多术语。

3. 在阿拉伯的术语编撰传统中，词和词汇单位常有混淆。这种混淆是某个词在历史上的分量造成的（Hamzé, 2013: 14）。因此，合成术语要么不被单语词典收录，要么缺乏，要么以次词语条目的形式出现。

4. 在很多双语词典中，外国术语的阿语对应表达类似于定义或解释，并不是惯用的术语。

2　术语创造及翻译形式

术语源于科技进步和不同领域的专家提出的新概念，而阿语中的术语却常常源于翻译。这种现象同样适用于第三世界的各种语言。

与单语词典及双语阿-法词典相比，双语法-阿词典的术语更为丰富，这突出了阿语术语与翻译之间的关系。阿拉伯世界通过借用、修改或创造阿语对应表达来引进产品、概念和术语。这种现象首先出现在双语词典中，之后进入单语词典中。

公元 8 世纪，希腊文化在进入拉丁语和欧洲语言之前，直接或经由古叙利亚语间接译入阿语（Ben Mrad & Hamzé, 2010）。19 世纪，人们开始从欧洲语言尤其是法语和英语译入阿语。很多高校（如：黎巴嫩贝鲁特美国大学，University of Beirut；埃及医学院，the Faculty of Medicine in Egypt）的所有课程都用阿语教授，包括医学、工程学和农学。而埃及医学院法裔教授的课程也都为学生翻译成了阿语（al-Khoury, 1989, 1:189）。因此，大量的科学术语经由翻译进入现代阿拉伯语。

阿语中，术语的翻译有三种形式：

第一种是间接翻译，将科技文中的新概念引入阿语。作者自发用阿语写作、写书、写论文以及发表文章时，间接运用翻译操纵所需的术语。阿拉伯作者在外语中遇到新概念，也受传达这些新概念的外国术语的影响。因此，他们用的阿语术语或多或少是外国术语的翻译。19 世纪上半叶，里法阿·阿沙阿维（Rifāʿa at-Ṭahṭāwī）在《塔赫里·阿尔·伊布里兹》（*Tahlīṣ Al-'Ibrīz*）中讲述他在巴黎的所见所闻，包括对这座城市的科学和艺术的印象（2001: 6-7）。为了描述，他从法语中借用了所有相关的概念和术语，即译入阿语。

到达马赛港时，阿沙阿维遇到了"quarantine"这个在阿语中没有对应表达的词，"我们乘小船到达城外的一栋用于'检疫'的房子前（karantīnat）（2001: 53）"。随后，他借用这个术语创造出阿语动词 kartana（在法语中并不存在），并解释到来自西方的外国人"必须要被安置在检疫区"。

第二种是双语或三语词典中的半直接翻译，专科或通用词典兼有。我们称之为"半直接"，是因为词典编纂者并非结合语境翻译文本，而是要建立两种语言之间的联系。

双语阿语词典中有很多新创造的术语。但由于词典的编纂通常不参考语料库，从而忽略了很多已经在用的术语。词典编纂者们常常采用自己推崇的阿语术语作为目标语的对等表达，这就导致同一个英语或法语术语有多种阿语对应表达。有趣的是，当前没有阿语单语语言学术语词典。

阿语单语词典中存在同样的问题，新术语由词典编纂者创造而非从语料库中提取。单语词典的很多术语都是简单借自双语字典而非权威语料库（Hamzé, 2008: 187-190）。

第三种是语际翻译。最近对贝鲁特的出版社进行的调查显示，2000年到2010年之间这些出版社翻译了有将近3000本书，平均每年300本（Skafy, 2011: 8-9）。当然，这只是数据。翻译的质量也值得探讨。

语际翻译会遇到很多术语，但文本不同，程度也各异。在专业文献的翻译中，术语是关键，但一般文本的翻译中也会碰到术语，因为"通用"词汇的相当一部分由术语组成。例如，对一个简单的马路事故报道的翻译，可能会涉及不同领域的术语：法律、保险金融、伤亡人员医治等。

3 翻译与术语创造

无论采取何种翻译形式——间接、半直接还是直接——都会创造出阿语术语。创造新术语有多种原因：

首先，阿语中缺乏某个特定的外国科技术语的对应词。外界科技的发展催生出新的概念和术语，迫使我们在阿语中寻找新的对应术语。

其次，阿语中很多完美对应的术语不为词典编纂者、术语学家和翻译家所知。这种现象首先归咎于不断变化的知识领域,再者是译者缺乏借以执行翻译任务的研究工具。

由于精密科学甚至是人文社会科学的教育语言是外语,传统与术语之间的缺口不断扩大。这种情况下,一个新出现的术语可能在古代广为人知。故而,我们需要通过搜索历史文献来找到该术语,但历史文献又时常难以获取。以"施为动词"为例,阿斯塔拉巴迪(al-Astarābādī)已经在文中明确定义,他举例说明:

(1) a. biʿ- tu

　　Have sold I

　　"I sell"

在施为动词(inšāʾī)biʿ-tu ["I sell"]中,"卖"的行为由动词的发音执行,发音创造了"卖"这一动作(al-Astarābādī n.d.: 2: 225)。

最后,译者无视现存术语创造新术语。这种情况十分复杂,我们必须得旁涉其他领域才能一窥其中的原因。译者和词典编纂者不接受已经广为人知的术语,他们时常质疑现存术语。例如,新术语 dahla(Fassi Fehri, 2009: 79)的提出就是要与已经在所有阿拉伯国家得到广泛使用的 madḥal 竞争,madḥal 指的是词典中的"词条"。因此,阿语中不存在一成不变的术语。译者/术语学家随时可能拒绝他们认为不恰当或者不时髦的术语。专家/译者也常常拒绝一些竞争的术语,仅仅为了追求自创新术语的所有权。

这种创造新术语的需求让阿语译者兼有译者和术语学家两层身份。阿拉伯译者实际上是术语学家,他们或由于缺乏对现有阿语术语的认识,或由于阿语术语的真实缺失,不断寻求和创造新术语。词典很能说明这一现象:在阿拉伯的词典编纂传统里,词典通常不会收录社会中自发生成且已经广泛使用的术语,却囊括词典编纂者/术语词典编纂者认为相关的术语。因此,决定术语的并不是语料库,而是词典编纂者和译者的个人偏好。词典的编纂常常是编者意志的体现,而非基于语料数据。

4 术语创造过程

创造阿语新术语的方法有多种,简单介绍如下:

4.1 借用

这是最简单且易操作的方法,包括借用并将外国术语按照目标语的音韵学和形态学特征进行调整,例如:fūnīm 来自"phoneme",murfīm 或 mūrfīm 来自"morpheme",等等。

4.2 语义新词

这个过程是给现有的阿语单词或术语赋予新的意义。常见操作如下:
(1)特征化,即从通用词汇中选择一个单词,赋予其特别的意义。
(2)运用隐喻、转喻等修辞。隐喻的使用如用 zarʿ 或 ġars 翻译心脏或肾脏的"移植"以及外皮的"培养"。转喻的使用如用 ḍaġt širyānī 翻译"血压",指"动脉血压"而非"动脉张力"(El Khoury, 2007: 220-221)。而这些修辞手法非阿语本有,是仿效外国术语的修辞方式。

4.3 形式新词

该过程有多种形式,如借用指示系统,利用现有单词创造简单的术语单元,或借用交流系统,创造复合术语单元。①

当简单术语单元不足以指代世界上的所有物体时,就有了创造复合术语单元的需求,新术语的来源因此逐渐由指示系统让位于交流系统。过长的复杂术语在阿语中常被缩写词或首字母缩略词所取代。

---

① 每种人类语言都包括两个系统:指示系统及其形态,构成指示的单元:名词,动词……交流系统及其句法,构成该语言的句子。

阿语中简单术语单元的生成方式有合成、语义化或曲折词缀系统的众多派生形式等，除此之外还有类比和名物化，如 mafa̋la① 指代物质充裕的地方，如 ma'sada 代表"狮子很多的地方"，marmana 代表"手榴弹很多的地方"，maktaba 代表"有很多书的地方"，等等。当 mfa̋aLa 作为名词与动词连在一起，构成的新词可能代表某处发生了什么事儿，以 mafa̋l 为例，maḥbaza 代表"有很多面包的地方 / 烤面包的地方"，即面包店，maṭba̋a 指"有很多印刷品的地方 / 打印的地方"，即打印店 / 印刷公司，等等。

4.4　创造新词根

阿语常基于四辅音词根创造新词。Mafhama 以及其派生词 maṣdar（mafhamat）就属于这一类。动词 mafhama "概念化"源自拥有三辅音词根（F.H.M.）的 mafhūm。然而，动词 MaFHaMa 及其派生词 maṣdar 却是基于新的四辅音词根（M.F.H.M）形成的。起始音 /m/ 在 mafhūm 中是增强音，是 MaFHaMa 的一部分。以 /m/ 结尾的四辅音新词根用于语言学术语的阿语翻译中，例如：ṣaWTaM, ṣaRFaM, LaFẒaM 等分别源自 ṣaWT, ṣaRF, LaFẒ 等；法语中也有同样的词缀，如 "phonème, morphème, lex-ème 源自 -ème 等"。

4.5　其他造词方式

阿语译者有时过分追求创新和尊重源语，忽视了阿语的语言系统，甚至创造出由五个辅音组成的动词：DaMaQRaṭa（"democratize"），而阿语动词皆为三辅音或四辅音词根。在借用五辅音的外来动词或基于五辅音名词创造动词时，译者会删去其中的一个辅音，从而将其转变成四辅音词根结构，如 BaSTaRa 中的 /s/ 来源于 "to pasteurize"，BaRMaǧa（'to programme'），'aKSaǧa（'oxygenate'），还有上述引用的 KaRTaNa 源

---

① 大写字母用于根辅音，小写字母用于增强辅音。然而文字呈现中看不出声门音 /ʾ/ 和咽音 /ʿ/ 的区别。

自 KaRaNTīNa ('quarantine')，在后者的基础上删除了第三个辅音词根 /N/ 等。

与此类似，混合复合词是阿语和外语元素的组合，但常常有别于阿语的音节系统，如 sūsyūlisāniyyāt ('sociolinguistic') 引入起始音 /cv:c/，同样，bsīkūlisāniyyāt ('psycholinguistic') 采用 /ccv/ 序列（不规则阿语）。

5 翻译与阿语术语问题

阿语科技术语混乱是学界共识，翻译在引进和创造新术语的同时，也带来了不少问题，具体表现如下：

5.1 理想化欧洲术语

在对阿语术语的问题进行说明时，学者们似乎无形之中将之与西方语言的术语进行了比较，尤其是法语和英语。这种比较偏向西方语言，认为西方术语不存在阿语术语的问题。西方术语体系追求构建概念与术语一一对应的理想状态，即一个术语指称一个概念，一个概念对应一个术语。

众所周知，西方术语的创造频繁使用前缀、后缀以及希腊－拉丁形式。哈蒂卜（Al-Hatīb）列举出 700 多个词缀（1982: 43-66）。哈姆扎维甚至开发出一套对术语和词缀进行自动翻译的系统，希望借此总结出可以系统运用于快速翻译的一般标准和自动规则（1975: 128）。换句话说，就像在法语或英语中，前缀、后缀及其他词素会成为具有一对一关系的理想术语的理想单位或系统组件，不存在同义词、多义词以及同音异义词。所有术语都会各司其职，没有交叉。

5.2 术语与概念的混淆

语义学途径在术语的引进中占据支配地位，这一现象可以从原语之间的不同之处中观测出来。在表达同一概念时，当法语和英语术语拥有不同的词源时，相关的阿语术语也会有所不同，这种差异甚至没有语义根据。

阿语中的术语创造严重依赖译借，译借产生的术语与法语或英语单词的词源意义非常接近。例如，"Hypertext"的翻译运用基于"text"和"hyper"的词源意义进行的译借，聚焦于"passing/beyond"：niẓām fawqa an-naṣṣ（"系统之外／文本之上"），naṣṣ fā'iq（"超常文本"），naṣṣ wāfir（"富文本"）。然而，生成的意义是荒谬的，因为"Hypertext"仅仅代表"连接"的意思（Affeich, 2010: 262-263）。

5.3 词典中一词多义词的不当处理

词典和双语词汇表常常只为一个法语或者英语术语提供一个词语条目，但这些术语可能有多个意义（即，一个术语表示两个或多个概念）。以 actant/actor 和 sujet/subject 为例，我们发现阿语语言学词典、双语词典甚至是三语词典都只提供一个词语条目（Hamzé, 2010: 39-54）。actant/actor 和 sujet/subject 都是多义词。actant 指动作的发出者，但同时也指动作的支持者、受动者和受益者。同样，sujet/subject 表示有关某物的报道，或动词的施动者。当是第二种意思时，sujet/subject 相当于 actant/actor（因为 sujet/subject 的第二种意思和 actant/actor 的第一种意思相同）。当是第一种意思时，它指代的是被报道之物，这便与 thème/theme 同义，它也指代由一个名词短语和动词短语构成的句子中的那个名词短语。

显然，我们不能简单整理一个与法语或英语术语存在一一对应关系的阿语术语表单。通过逐字翻译来确定目标语的对应语就是译借。这种方式不仅会复制（西方）术语（一词多义、同义词等）的所有缺点，还会不断打破阿语的传统。

为了避免术语混乱现象，阿拉伯翻译机构要求译者在其译著的末尾提供外国术语以及与其相对应的阿语术语的双语表，意在确保译者核对其使用的术语，从而避免用不同的表达来对应同一个外国术语。然而，采用现成的双语词汇表可能会导致术语的误用，从而使翻译变成单纯的转码过程。以下例子可以对此情景进行充分说明：

在阿语中，有一条不成文共识，即采用 muṣṭalaḥ 代表术语，'ilm al-muṣṭalaḥ 或 muṣṭalaḥiyya 代表"术语学科"或"术语学"。似乎从一开始就无人对这些阿语术语的选择提出异议。然而，在阿语中，常用 'ilm al-muṣṭalaḥ 或 muṣṭalaḥiyya 来翻译"terminology of person X"，这种翻译很荒唐，因为阿语翻译的意思是"X 的术语科学"。参考所谓的"理想"双语词汇表，译者会混淆术语和概念。在这种情况下，译者们意识不到术语"terminology"也是个多义词，有三个不同的意思：（1）对科技领域的概念的命名进行研究的科学；（2）某一学科或某一作者的所有用语；（3）所有用于研究术语，或我们有时称之为"术语编撰"的规则和方法（Hilal, 2010, 22）。如果译者在参考所谓可靠的术语表时遇到此类问题，而又没有其他可参考的术语资源，会造成何种后果？

因此，无论阿语对应词被研究得有多透彻，将阿语术语与外语术语进行一一对应的双语词汇表注定不可行。依靠绝对对应的术语进行翻译一定会出现问题。

5.4　术语与直接翻译：填空式使用

古代阿拉伯作家哈瓦里兹米（Al-Hawārizmī）有本书名为《科学之匙》（*Mafātīḥ al-'ulūm*），暗示术语是通往科学之门的钥匙。作者认为，不精通所述学科的术语便永远无法完全理解这一学科（Al-Hawārizmī, 2）。这种观点用于描述翻译更为贴切。翻译术语是翻译专业文本的关键，此类文本的真正困难是概念性的，贯穿翻译过程的两个阶段：（1）理解原文本；（2）在目标语中运用得当的表达。

译入阿语的文本中有许多外国词汇。阿语译者似乎深陷词汇的泥淖中，认为只要将外国术语音译为阿语就能解决此问题，并实现信息传递。然而，翻译不仅仅是为外国词汇选择阿语对应词。字面来看，用事先确定的阿语对应词系统替换外国术语就是我们所说的"填空式使用"（Hamzé, 2009）。在这种模式下，译者首先确定文本中需要翻译的术语，然后确定其目标语对应词，将二者整理成双语术语表的形式。翻译时，先忽略术语，当双语术语表完成后，再将术语放在译文的对应位置中。用特定阿语术语替代同一外国术语的做法无视了术语的语境，而将其视为脱离文本的静态对应。术语不是单独的单元，不能脱离其使用的文本。一个术语有两种关系：

1. 概念树中与其他术语的关系。术语表与百科全书应系统纳入概念系统中。而且，词典中选择收录术语的标准之一为是否属于"有组织的术语系统"或"概念系列"（Josselin-leray & Roberts, 2013: 90-91）。例如，表示不同词性的术语——名词、动词、形容词等——此种术语形成语言学术语家族内的一个概念族。

2. 与非术语词汇的关系，即通用词典中的单词。一个文本，即便是专业文本，也不可能仅由术语构成。文本必定是术语和一般词汇纳入同一个框架后形成的。

5.5 术语的增殖

术语增殖指一个外国术语在阿语中存在多个对应词，例如，有十几个阿语术语对应"synchrony"（Odeh, 1998: 337），二十个词对应"linguistics"（Mseddi, 1984: 72）。在《英－阿语言学术语词典》中，拉姆齐·巴勒巴基（Ramzi Baalbaki）同时收录了自己提倡的术语和其他出处的术语。对于同一个概念，在同一译文或词典中甚至可以看到多个不同的术语。《语言学术语统一词典》意在统一阿语术语，提出用不同的同义词翻译同一术语，同时也保留了指代多个概念的同一外国术语的多个阿语对应术语（1989: 13）。结果就出现了一个法语或英语术语对应两个阿语术语的现象，读者无法区分两个术语分别指代哪个概念。

新词的使用，语言的地域性特征，译者的个人习语，外语的影响，以及拥有决策权力的联合标准化机构的缺失，是上述术语增殖的主要原因。不可否认，大部分术语经由翻译产生。抱怨术语呈指数增长的译者本身就是这一现象的促成者。他们在翻译中继续采用自认为最合适的术语而无视词汇的使用这一决定因素。然而很多术语并未得到广泛流传，如"linguistics/linguistic"的 21 个阿语对应同义词仅有两三个流传了下来，其中 lisāniyyāt 较受欢迎。

5.6　术语的一词多义

一词多义，术语学家称之为"多义指称性"（polyreferentiality）。同一译者用一个阿语术语指代多个不同概念，正如 'ištiqāq 指代 "derivation" 和 "etymology"（Odeh, 1998: 352-354）；又或在同一文本中，同一术语被用来指代不同的概念，如：在《语言学术语统一词典》中 itbāʿ 被用来表示语言学中四个不同的意义或概念，分别为："dilation"，"front mutation"，"paronomasia"，"pun"。而 itbāʿ 也是阿语语法中一个常见的术语，代表两个不同于上面列举的概念；另外，不同文本或译者用同一术语表达不同的概念，即 X 用一个阿语术语表示概念 A，Y 却用该术语表示概念 B，如此等等，令人迷惑。

多义术语在阿语中十分常见，专业文本也不例外。《词汇学评论》（*Revue de la Lexicologie*）杂志的主编本·穆拉德（Ben Mrad）举例说：不少来稿都将同音异义和一词多义称为 "ʾištirāk lafẓī"，而该词字面意为两个或多个词拥有同一发音。我们观察到在术语词汇表甚至是阿语语文学的书中都存在混淆同音异义和一词多义的现象（Ben Mrad, 2011: 328，自译）。

5.7　对应不当

对应不当指所选词汇无法准确表示指代的概念。ṣuwayt（ṣawt "sound" 的指小词）用于翻译 "phoneme" 就不合适，因为 "phoneme" 不是阿语术语表达的 "小声音"。阿语指小词的选择是对 "phoneme" 定义中 "最小特征" 即 "音韵学中最小的不可分割的元素" 的错误解读（Dubois, 2004, phonème，自译）。所幸，这一阿语术语就像其他糟糕的翻译一样，并未流传下去。

5.8　传统术语的不当再使用

传统术语的不当再使用指随意使用陈旧术语来翻译一些领域的新概念，这种现象在语言科学中最为明显。现代语言学有着共同的研究对象，即语言及传统语法。因此，现在语言学术语和传统语法的术语之间常有摩擦。阿语译者们对有关两者之间的讨论呈现出两个极端：不顾一切维持传统术语，用其指代新概念，或避开传统，不惜一切创造新术语。前者混淆了两个术语系统，后者则认为二者完全排斥[①]。很多术语如上述提及的 'itbā' 都是这种争论的反映。

5.9　相似问题和大小差异

欧盟各国同样存在相似的术语问题（Hamzé, 2004: 49-66）。在《语言学词典》中，乔治·穆南（Georges Mounin, 1995: IX）探讨了译者的能力不足，就"术语中广泛存在的问题"举了很多例子，认为这些问题来自"过度沉淀与忽视"。很多新词来源于翻译错误。例如，受英语的影响，法语中存在很多错误，如 structurel 代替了 structural，cryptanaliste 取代了久经考验的 décrypteur，receveur 代替了 récepteur。此种错误或许源自"研究者的精神疾病"：

> 为已有通用名称的物体命名的想法，从某种程度上意味着你已经发明了一个新概念，是职业不安的症状，这种症状困扰着追求原创性的年轻学者们（自译）。(1995: IX–XIV)

然而，对术语原创性的追求不限于年轻学者。雅各布森（Jakobson），本维尼斯特（Benveniste），泰尼埃（Tesnière），叶姆斯列夫（Hjelmslev），布洛姆菲尔德（Bloomfield）都在不同程度上创造了自己的术语。"叶姆斯列夫创造的 106 个术语只有百分之五得到了普遍运用"（自译）（1995: XIV）。马鲁佐（Marouzeau）认为，如果西方语言学术语的创造"如今仍然甚至更加基于粗犷的发现和灵感"（自译）（Mounin, 1995: x），那么阿语语言学术语也是基于粗犷的翻译和灵感。

---

① 详情参见 Hamzé 2010, 2: 39–54.

6 结论

因此，术语不应被视为静态的单元，而应将其与一般词汇所构成的文本语境联系起来。计算机辅助工具对大型语料库的分析催生了"文本术语"——强调文本内和文本间术语变化的角色，也即术语随语境而变化的能力。而且，专业文本与普通文本一样，也包含修辞成分、文字游戏、互文指涉与文化典故，专业文本的翻译远不是术语的转码过程，尤其是当两种语言之间有很多术语无法直接对应时。因此，翻译绝对不是追寻词与词的对应，不是"填空"，否则只会生产出有缺陷的阿语文本和术语。译者的目标读者不是具备双语能力的读者，不能期待读者理解充满直译和外国术语的文本，又或者，读者需要将译文"回译"成原语，才能理解。退一步说，这与翻译的初衷背道而驰。

【参考文献】

Abdel-Nour, Jabbour, and Souheil Idriss. *Al-Manhal: Dictionnaire français-arabe* [G]. Beyrouth: Dar El-Ilm lilmalayin and Dar al-Adāb, 1983.

Abdul-Massīh, Georges, and Hani Tabri. *Al-Khalil* [G]. Beyrouth: Librairie du Liban, 1990.

Affeich, Andrée. *Rupture et continuité dans le discours technique arabe d'internet* [M]. Lyon: Université Lyon 2. 2010.

Al-Astarābādī, Raḍiyy ad-Dīn. n.d. *Kitāb al-Kāfiyat fī n-naḥw* (Syntax treatise). Beirut: Dār al-kutub al-'ilmiyya.

Al-Hamzaoui, Mohamed Rachad. Aṣ-ṣudūr wa l-lawāḥiq wa ṣilatuhā bi ta'rīb al-'ulūm wa naqlihā 'ilā al-'arabiyya al-ḥadīta (Prefixes and suffixes: Their relationship with arabization of science and their transfer to modern Arabic) [J]. *Al-Lisān al-'arabī*, 1975 (12:1): 121-138.

Al-Haṭīb, Aḥmad Šafīq. Sawābiq wa lawāḥiq tarid fī l-muṣṭalaḥāt al-ʿilmiyya maʿa tarǧamātihāl-ʿarabiyya (Prefixes and suffixes in scientific terms with its Arabic correspondents) [J]. *Al-Lisān al-ʿarabī*, 1982 (19): 43-66.

Al-Hawārizmī, Muḥammad b. Aḥmad b. Yūsuf. *Mafātīḥ al-ʿulūm (The Keys to sciences)* [M]. Cairo: ʾIdārat aṭ-ṭibāʿat al-munīriyya.

Al-Khoury, Shehadeh. *Dirāsāt fī t-tarǧamah wa l-muṣṭalaḥ wa t-taʿrīb (Studies in translation, terminology and arabization)* [M]. Damas: Dār Ṭlās, 1989.

Al-Munǧid fī l-luġa l-ʿarabiyya al-muʿāṣirat (Al-munǧid: A dictionary of modern Arabic language). [G]. Beirut: Al-Maktabat aš-Šarqiyyat, 2000.

as-Sīrāfī, Abū Saʿīd. *Šarḥ Kitāb Sībawayhi (Comments on Sībawayh's al-Kitāb)* [A]. Ra. Abd at-Tawwāb (eds.). Cairo: Al-Hayʾa al-ʿāmma li l-kitāb 1990.

aṭ-Ṭahṭāwī, Rifāʿah. *Tahlīṣ al-ibrīz fī talhīṣ bārīz ʾaw ad-Dīwān an-nafīs bi ʾīwān bārīs (Description of a Trip to Paris)* [M]. Sousse: Dār al-Maʿārif li ṭ-ṭibāʿa wa n-našr, 2001.

Bazzi-Hamzé, Salam Hassan. Fāʿil [A]. K. Versteegh (eds.). *Encyclopedia of Arabic Language And Linguistics*. Leiden-Boston: Brill Academic Publishers. 2007: 82-84.

Ben Mrad, Ibrahim and Hassan Hamzé. *Transmission de la terminologie scientifique et technique arabe en Europe* [G]. *Revue de la Lexicologie* N 26, 2010.

Ben Mrad, Ibrahim. Homonymie, polysémie et critères de distinction [A]. B. Orfali (eds.). *In the Shadow of Arabic: The Centrality of Language to Arabic Culture, Studies in Semitic Languages and Linguistics*. Leiden – Boston: Brill. 2011: 325-338.

Dubois, Jean, et al. *Dictionnaire de linguistique* [G]. Paris: Larousse, 2004.

El-Hadi, Widad. *La terminologie arabe des télécommunications* [D]. Lyon: Université Lyon 2, 1989.

El-Khoury, Tatiana. *La terminologie arabe de la greffe d'organe: Fonctionnement discursif et relations intraet inter-termes* [D]. Lyon: Université Lyon2. 2007.

Fassi Fehri, Abdelkader. *A Lexicon of Linguistic Terms, English-French-Arabic* [M]. Beirut: Daral Kitab al Jadid United Co. 2009.

Hamzé, Hassan. An Example of Linguistic Submission, the Translation of Affixes and Greco-Latin Formants into Arabic [A]. A. Branchadell & L. M. West (eds.). *Less Translated Languages*. Amsterdam: John Benjamins. 2004: 49-66.

Hamzé, Hassan. La terminologie dans le dictionnaire général: le bilingue, un tremplin pour le monolingue [A]. F. Maniez & P Dury (eds.). *Lexicographie et terminologie: Histoire des mots*. Lyon: Université Lyon 2. 2008: 181-190.

Hamzé, Hassan. *At-Tarğamah l-baḥt* (Translation as Research) [J]. *Al-'Arabiyya wa t-tarğamah*, 2009 (01): 6-36.

Hamzé, Hassan. Terminologie grammaticale arabe et terminologie linguistique moderne [A]. I. Sfar & S Mejri (eds.). *La traduction des textes spécialisés: retour sur des lieux communs*. 2010 (02): 39-54.

Hamzé, Hassan. Introduction sur le statut du terme dans le dictionnaire général [A]. H. Hamzé (eds.). *Le terme scientifique et technique dans le dictionnaire général*. Beirut: Dar al-Hilal. 2013: 11-17.

Hilal, Alaa. *Le statut du terme dans le dictionnaire général* [D]. Lyon: Université Lyon 2, 2010.

Ibn Jinnī. *Al- Luma' fī n-naḥw (Brightness in grammar)* [A]. H. Kechrida (eds.). Uppsala, 1976.

Ibn Manẓūr. n.d. *Lisān al-'arab (Arab language)* (G). Beirut: Dār Ṣādir.

Idriss, Souheil. *Al-Manhal, dictionnaire français-arabe* [G]. Beirut: Dār al-Adāb, 2012.

Josselin-Leray, Amélie et Roda Roberts. Quels termes retenir dans le dictionnaire général [A]. H. Hamzé (eds.). *Le terme scientifique et technique dans le dictionnaire général*. Beirut: Dar al-Hilal. 2013: 85-118.

Lelubre, Xavier. 1991. *La terminologie de l'optique: faits et théories* [M]. Lyon: Université Lyon 2, 1991.

Meyer, Ingrid & Kirsten Mackintosh. L'étirement du sens terminologique: aperçu du phénomène de la déterminologisation [A]. H. Béjoint & P. Thoiron (eds.). *Le sens en terminologie*. Lyon: Presses Universitaires de Lyon. 2000: 198-217.

Milad, Kalid. *Al-'inšā' fī l-ȧrabiyya bayna t-tarkīb wa dalāla (Performative dis-

course in Arabic between syntax and semantics) [M].Tunis: Manouba University, 1999.

Mounin, Georges. *Dictionnaire de la linguistique* [G]. Paris: Quadrige/Presses Universitaires de France, 1995.

Mseddi, *Abdessalem. Dictionnaire de linguistique Français-Arabe, Arabe-Français* [M]. Tunis: Maison arabe du livre. 1984.

Mubarak, Mubarak. *Mu'jam al-muṣṭalaḥāt al-'alsuniyya, faransī-'inğlīzī-'arabī (A dictionary of linguistic terms: French-English-Arabic)* [G]. Beirut: Dār al-Fikr al-lubnānī, 1995.

Odeh, Akram. *La traduction et la terminologie linguistique du français en arabe: L'arabisation du «Cours de linguistique générale» de F. de Saussure* [D]. Lyon: Université Lyon 2. 1998.

Roman, André. *Grammaire de l'arabe* [M]. Paris: Presses Universitaires de France, 1990.

Roman, André. *Al-Mujmal fī l-'arabiyyat an-niẓāmiyyat (Systematic grammar of Arabic)* [M]. Hassan Hamzé (trans.). Cairo: al-Markaz al-qawmī li t-tarjama, 2007.

Skafy, Nahwa. *ḥarakat at-tarğamat fī bayrūt min al-'ām 2000 ḥattā l-'ām 2004 (The translation movement in Beirut between 2000 and 2004)* [D]. Beirut: Islamic University of Lebanon, 2011.

菲律宾早期翻译史

马龙·詹姆斯·萨莱斯　著
马崧译　编译

1　引言

菲律宾一直以来都是多语言国家，除了整个群岛使用的一百多种土著语言外，外语也被用来与亚洲邻国的商人打交道，在殖民者到来之后，语言多样性与复杂性进一步凸显。从1565年到20世纪初，西班牙在菲律宾的殖民统治长达近四百年。期间，西班牙语一直是菲律宾官方语言，却从未成为菲律宾通用语言，翻译对这一时期历史进程起到重要推动作用。然而，近代早期菲律宾翻译研究主要关注的只是体现西班牙殖民特征的语言维度。尽管有大量研究聚焦西班牙在菲律宾的殖民活动，但译者在推动和维持殖民统治中所扮演的角色仍然是尚待拓展的研究领域。拉斐尔（Rafael, 1993）对早期他加禄（Tagalog）社会的翻译转换进行了历史分析，很大程度上启发了菲律宾翻译历史研究，但只有少数研究关注翻译，并将其视作16至18世纪西班牙人和菲律宾人殖民碰撞的特征。翻译在本文中指笔译和口译，在过往研究中往往是顺带提及，或仅被视为其他更"重要"的殖民创作过程的组成部分，例如诗歌、传教士语法以及跨文化调解。因此，本文讨论的翻译历史，其中涉及从一种语言向另一种语言的显化文本转换，以及翻译作为文本生成的基础程序。

尽管菲律宾和美洲之间存在经济和政治联系，如太平洋上的大帆船贸易横贯两百五十年之久（Sales, 2014: 172-173），但菲律宾很少受到西语世界翻译史研究的关注，通常仅限于一个简短的注释，与美国大陆和伊比利亚半岛的翻译活动相融合，或者完全将其边缘化甚至排除在西语世界之外。在许多方面，对近代早期菲律宾翻译活动缺少详细的描述，这反映出菲律宾西语文化研究中处于次要地位（Lifshey, 2016: 7-8），翻译理论和历史研究长期坚持以欧洲为中心（Hung & Wakabayashi, 2005）。然而，虽然学术界关注较少，但粗略阅读一下殖民文献，我们可以看到菲律宾翻译在这一时期的重要性。与美洲人一样（Valdeón, 2014: 18-19），大洋彼岸的西班牙人很早就意识到，他们第一次遇到的土著人并不是单一的、同质的，也不具有中央政府。耶稣会历史学家契林诺（Pedro Chirino）认为，菲律宾没有中央政府，一些岛屿的居民由他们承认的主人保护和管理，从来没有单一的统治者，拥有最高权力的人可以征服和统治他们（Chirino, 1604: 123）。

对菲律宾丰富语言遗产的讨论是在这些政治和种族分裂的描述中进行的。即使没有现代语言学工具，西班牙人也知道菲律宾语言的多样性。虽然菲律宾人所说的他加禄语和比萨耶语（Bisaya）被广泛理解，但还有其他许多语言与这两种所谓的共同语言（lenguas comunes）共存，甚至在群岛的较小岛屿上也是如此（Chirino, 1604: 35）。岛上语言十分多样，另一位耶稣会历史学家弗朗西斯科·克林（Francisco Colín）断言，如果在某条河流的河口说一种语言，那么在其源头就会说另一种语言，这极大地阻碍了这些民族的皈依和教导（Colín, 1663: 57）。然后，他指出了吕宋岛使用的各种语言的名称，并表示可能还有其他语言尚未知晓。

尽管存在结构差异，西班牙人还是确信菲律宾语言之间存在某种共性（Ridruejo, 2007: 233）。人们自身已经具备的知识可以帮助学习其他知识，从而在一定程度上避免了与语言不同的人群进行交流的困难。尽管这些语言多种多样，但是很相似，在几天之内就可以被理解和使用，一旦其中一种语言学会了，其余的几乎都学会了（Chirino, 1604: 34）。不同语言之间的任何差异可以通过了解它们的相似性来克服。这表明，在语言多样化程度较高的环境中，跨文化和跨语言过程是一个公认的现实。记录显示，通过将这些语言与希伯来语、拉丁语和希腊语的圣经语言进行比较，或者通过将天主教祈祷词翻译成土著语言进行对比，西班牙人甚至意识到哪种语言听起来更"优雅"（Sales, 2016: 55-56）。

在菲律宾，民族语言群体彼此之间以及与该地区其他邻国或王国之间有贸易关系，这意味着无论翻译行为实际上多么简单，都是作为沟通策略来实施，以弥合语言鸿沟（Scott, 1999: 75-76, 191）。在胡安·弗朗西斯科·德·圣安东尼奥（Juan Francisco de San Antonio）的叙述中，我们可以一瞥翻译在群岛商业活动中的用途：尽管他们的文字中没有与我们（西班牙语中）使用的算术数字相似的表达，他们仍能够通过堆石头堆和使用他们语言中传统的术语来计数，并且这些计数方法在他加禄语中很有说明力"。他们的文字中没有书面数字对他们没有影响，这是因为即使是最大的数字他们用（传统）文字也可以更清楚地说明（San Antonio, 1738: 167）。算术概念在交易行为中非常重要，在历史记录中作为翻译的功能被提出。尽管这些民族语言群体拥有特定的计数方式，但记录显示，他们诉诸共享系统，将数学运算传达给讲不同语言的人。

2　翻译产生过程

翻译概念在历史上没有得到充分阐释，翻译行为通常被认为是一种语言间没有争议的意义转移。文献中过分简单化的内容会比较容易翻译。人们假定翻译总是可行的，所要传达的信息没有任何外部解释。翻译往往是一种必然行为：它之所以发生是因为需要发生。例如，加斯帕·德·圣奥古斯丁（Gaspar de San Agustín）讲述了这样一件事：在被西班牙人抓获的人中，有一名土著妇女和她约五岁的儿子。他们将她带到旗舰，给了她礼物和最好的治疗。这位女士似乎非常感激，她通过口译员告诉西班牙人他们需要知道的一切（San Agustín, 1698: 25）。人们认为，跨语言的理解已经建立，译者和对话者都有充分的手段来揭示信息的细微差别。尽管存在信息的复杂性、政治后果的严重性以及交流中的过程性关切，除了假定翻译确实发生了之外，不存在任何解释。

这些殖民遭遇中出现翻译的假设，部分是基于这样一种信念，即语言能力是神的启示。对于近代早期作家来说，语言有着神圣的品质，使得说话者能够奇迹般地宣扬基督教。尽管人类的努力在发展语言能力方面仍然是最重要的，但在执行基于语言的任务时几乎总是寻求神的干预。由于语言和神性之间的这种联系，通常是由天主教传教士自己承担翻译任务。这些传教士受欧洲人文主义传统的熏陶，对古典语法学家的工作非常熟悉，他们进行了第一次系统的尝试，将土著语言进行字母书写，并赋予其基于拉丁文规则的书面语法。正是通过他们的努力，许多拉丁语和西班牙语文本首次被翻译成当地方言。

语法学家弗朗西斯科·布兰卡斯·德·圣何塞（Francisco Blancas de San José）是这些传教士中很受尊敬的一位。作为现存最古老的他加禄语语法作者，布兰卡斯被他之后的几代传教士视为菲律宾语言研究的最高权威。他也是一位语言哲学家，试图解释西班牙殖民主义与神圣恩典之间的语言维度，这一点可以从他的《基督教生活纪念》（*Memorial de la vida christiana*）中得出：我认识的每一位牧师都既是聪明的神学家又是优秀的口译员……相反，他们会竭尽所能，通过学习，走向他们对这些灵魂的爱所带去的地方，直到死亡（Blancas de San José, 1832: 457-458）。

事实上，在布兰卡斯的传记中，他对他加禄语的学习和教学策略是用类似于圣徒传记的口吻来叙述的。据他的同僚迭戈·弗朗西斯科·德·阿杜阿特（Diego Francisco de Aduarte）所说，布兰卡斯只学了三个月他加禄语就很熟练了，并且学习汉语的效率也很高，他在掌握了他加禄语后不久就成功地用汉语讲道（Aduarte & González, 1693: 410）。除了一再强调其个人美德使他配得上神圣的恩典之外，阿杜阿特没有明确提到布兰卡斯是如何研究这种语言的。

将布兰卡斯视作译者来分析，标志着菲律宾翻译史研究的一个重要转变。尽管他经常被认定为语法学家，但其杰作《他加禄语的艺术和规则》（*Arte y reglas de la lengua tagala*）中的记录表明，他所应用的他加禄语语法化过程实际上是翻译性的（Zwartjes, 2012: 8）。在传教士语法中，语法和翻译之间的分界常常模糊不清，因为翻译是必要启发法，也是语法规则的基础，对翻译的依赖在他加禄语和其他菲律宾语的传教士语法中很普遍。

另一套特殊的翻译作品是用于庆祝天主教仪式的双语文本。对这一时期传教士来说，翻译的最终目的是让牧师通过当地语言管理天主教圣礼。这一点在1593年的《基督教教义》（*Doctrina christiana*）中就得到了证明，这是菲律宾已知最早的印刷文本（San Antonio, 1738: 563-565）。在这本书里，我们读到了信徒们要背诵的天主教祈祷词。祷词先是用卡斯蒂利亚语写成，然后翻译成他加禄语，由于是用拉丁字母写的，最后被译成前西班牙裔音节，称为贝贝因（baybayin）的书写系统。

在语法理论著作的附录中，不难发现从拉丁语翻译成本土语言的宗教惯例。例如，在方济各会语法学家塞巴斯蒂安·德·托坦尼斯（Sebastián de Totanés）的语法著作中，列举了用于庆祝洗礼、婚姻和忏悔等的他加禄惯例。然而，他强调，尽管他的他加禄语翻译可能用于执行这些圣礼——特别是洗礼——但只有在死亡迫在眉睫，并且没有可用的牧师以及现场的当地人（得到教会授权在紧急情况下执行仪式）不确定拉丁语或西班牙语的发音的时候。他写道：

> [N]o cometais algun yerro substancial en su pronunciacion, que annule el Sacramento, y pierda la alma de la Criatura. […] Empero, si quisiereis bautizar en vuestra misma lengua Tagala, para obiar aquel tan grande peligro, lo podréis hacer, con solo tagalizar aquella palabra Latina Baptizo, ò la Castellana Bautizo… (Totanés, 1745, p. 59, emphasis in the original).
>
> [不要在发音上犯任何实质性错误，以免使圣礼无效并导致您失去婴儿的灵魂。……但是，如果您希望用自己的他加禄语进行洗礼以避免这种巨大的危险，则可以通过将拉丁语的洗礼（baptizo）或卡斯蒂利亚语的洗礼（bautizo）放在他加禄语中来实现……]

在托坦尼斯语法中，翻译似乎被看作是创造本土牧歌话语这一更重要使命的附带。为了遵循其规定主义的倾向，语法著作根据翻译选择所引发的意义，明确指出翻译选择的适用性。

总体而言，如果翻译决策没有引发任何将基督教与前殖民信仰联系起来的另一种解读，则在传教文本中是可以接受的。弗雷·托马斯·奥尔蒂斯（Fray Tomás Ortiz）修士撰写的牧师指导手册对此进行了解释。与托坦尼斯不同，他警告不要使用他加禄语单词 binyag（洗礼）和 simba（崇拜）分别翻译 bautizo（洗礼）和 adoración（崇拜）。他指出，binyag 已经被用来描述基督教之前的一种仪式，即用水浇灌某人，而 simba 则表示基督教之前的崇拜（Ortiz, 1731: 14）。

3 翻译文学

除了上述翻译行为之外，我们还可以从文学作品中挑选广泛的语料库，将翻译作为产品进行检验。伦贝拉（Lumbera, 1986: 1）在他加禄语诗歌的著作中指出，西班牙传教士的记述是菲律宾民间文学史上的第一批记录。前西班牙时期的菲律宾人具有明确的口头文学文化（Colín, 1663: 63）。尽管西班牙作家对他们在当地人中看到的高水平识字率感到惊讶（Chirino, 1604: 39），还是仍然坚持认为当地的表达方式比不上字母书写（Bandia, 2010: 108-109; Suárez-Kràbbe, 2008: 587）。

我们可以将文学翻译分为三类。首先是宗教或神圣文学的翻译。圣奥古斯丁（San Agustín）赞扬了佩德罗·德·埃雷拉（Pedro de Herrera）对《诗篇50》的他加禄语翻译。根据圣奥古斯丁的说法，诗歌使其想起了古典酒神赞美诗（Herrera, 1762; San Agustín, 1787 [1703]: 180）。圣奥古斯丁还援引了托马斯·肯皮斯（Thomasà Kempis）的《耶稣的模仿》（*The Imitation of Christ*）中的一段，由耶稣会士巴勃罗·克莱恩（Pablo Clain）翻译（Medina, 1896: 96）。圣奥古斯丁观察到，这些文本的译者使用目标语言的语法特征及语言修辞来表达源内容。这使他们能够做出改变，尊重本土诗歌的形式，而不会在他们打算传达的教义信息中造成任何实质性的扭曲。

文学翻译的第二类是本土文学形式，有时讨论翻译时会提及前西班牙时期的文学作品。在耶稣会士胡安·何塞·德·诺西达（Juan José de Noceda）和佩德罗·德·桑卢卡（Pedro de Sanlúcar）的他加禄语－卡斯蒂利亚语双语字典中，我们读到了一篇三行婚礼赞美诗及其相应的西班牙语翻译：

Mayag aco sa masiguing,/ ang malubayna ang aquin,/ malayo ang madarating.

Pues tengo de ir tan lejos, quiero paz, no quiero pleitos (Noceda & Sanlúcar, 1832 [1754]: 136).

与翻译宗教文学所采用的方法一致，赞美诗的翻译通过节拍和韵律来保持其诗意特征。但是，与宗教文学不同的是，赞美诗翻译避免了将指示性内容从源语直接转移到目标语。西班牙语翻译成"我还有很长的路要走。我想要和平。我不想要争端"，而据伦贝拉所说，他加禄人说的是"我准备好接受一条绷紧的绳子，但我宁愿接受松弛的那条，因为我可以走得更远"(Lumbera, 1986: 21)。

在其他词条中，意义往往比形式更重要，下面这首短诗是词条 taloctoc（顶峰）中的例子：

Mataas man ang bondoc, / mantay man sa bacovor, / yiamang mapagtaloctoc, / sa pantay rin aanod (p.399, italics in the original).

[Though the hill be high / and reach up to the highland, / being desirous of heights, / it will finally be reduced to flat land (Lumbera, 1986, p. 14).]

（虽然这座山很高 / 一直延伸到高地，/ 由于渴望高度，/ 它最终会变成平地。）

字典随后提供的翻译是对诗文的解释，其内容为："[n]inguno está más vecino al suelo, que el que está más alto"（没有人比离地面最远的人更接近地面）。在另一个例子中，词条 logao（米粥）下有个谜语，内容为"Ilogao, bago bay-in"（打之前先把它做成粥）。字典的西班牙语译文没有翻译谜面，而是直接给出谜底：El hierro cuando se funde（熔铁）。翻译本土文学的这种尝试与翻译宗教文学的谨慎形成强烈对比。在形式和内容上的忠诚是翻译宗教文本的基础，而译者在翻译世俗文学时似乎享有一定的创作自由。

类似的方法也出现在文学翻译的第三类中，即本地作者写的双语诗。

与前两类不同，在先前的两种形式中，预先存在的文本被翻译成另一种语言，而这些诗歌都是通过翻译创作的，因此鲜明地体现了殖民地的混合性质。最著名的代表作是拉地诺语（Ladino）的诗歌，或者说是双语作家费尔南多·巴贡班塔（Fernando Bagongbanta）写的诗，他是第一位载入史册的本土诗人，以诗歌《永恒的感恩》（*Salamat nang ualang hanga*）而闻名。这首诗交替使用他加禄语和西班牙语，表达感激之情，首先是对基督教上帝的感谢，在这类诗歌中的很典型（第1至7节），然后是布兰卡斯，他认为布兰卡斯是菲律宾出版业的奠基人（第8节）。接着，这首诗用一段不同寻常的长诗来劝诫他加禄人。

巴贡班塔的诗破坏了传统元素和翻译顺序。哪种语言是源语，哪种语言是目标语？一方面，他加禄语文本先于西班牙语，并且韵律模式有缺陷，因此与本土诗歌不同。另一方面，西班牙语在他加禄语之后出现，但在书写时特别注意音调和韵律。他加禄语版本源自西班牙语吗？还是从他加禄语翻译成西班牙语？还是这两种语言都是作为一个诗意的整体创作的？这样我们还可以区分源语文本和目标与文本吗？

另一套双语诗歌的翻译过程更加不稳定，这次诗歌是由华裔菲律宾人托马斯·品平（Tomás Pinpin）撰写的，他负责布兰卡斯语法的排版工作。品平出版了一本用他加禄语写的西班牙语语法书，即《他加禄人应该用它来研究卡斯蒂利亚语的书》（*Librong pagaaralan nang mga Tagalog nang uicang Castila*），同年布兰卡斯用西班牙语撰写的他加禄语语法出版。布兰卡斯对语法规则的讲解较为冗长，而品平的语法被分为较小的、更易于管理的章节，并在某些地方加入一首双语诗歌。然而，这绝不是一个简单的修饰，而是一种学习词汇的记忆方法。

与巴贡班塔的诗不同，品平的诗没有明显的政治或教义倾向。作为关于人体的双语单词列表，它通过图解他加禄语和西班牙语之间的词汇对等来进行单词层面的翻译。但更值得注意的是，尽管巴贡班塔的诗似乎是由分开写的诗行组合而成的，但品平的诗却是一个连贯的整体。每一行有六个音节，每四行都遵循一致的押韵模式。换言之，巴贡班塔的诗歌可以按照其组成语言进行划分，而品平的诗歌是内在一致的。

品平还写了五首诗歌：一首出现在语法书的开头（Pinpin, 2011 [1610]:

5-7）；另外两首放在第二节，被简单地称为"第二首歌"（pp.30-33）和"另一首歌"（pp.33-34）；第四首出现在第三节后；第五首出现在第四章第一节之后。此外，在第五章第九节的最后，还有两组无标题诗句，"Parini ca bata, / ven aca muchacho"［过来，孩子］（pp.72-75）和"Ytong osap ko, / aqueste mi pleyto"［我的这件事］（pp.75-81）。正如品平自己解释的那样（p.72），最后两组的特点是一位西班牙主人和他年轻的他加禄仆人之间的对话交流。

4 翻译主体

前文关于翻译产生过程和主要特征的讨论表明，近代早期菲律宾翻译人员的职责通常与其主要身份混为一谈。翻译主体通常是传教士、语法学家、词典编纂者、诗人或历史学家，翻译是其完成主要任务的辅助步骤。但是，这并不意味着翻译人员从未在历史记录中占据重要位置。事实上，一些资料记录了他们的名字（转引自 Sueiro Justel, 2007: 46-49）。贡扎洛（Gonzalo）于1521年离开费迪南德·麦哲伦（Ferdinand Magellan）探险队之后留在了马鲁古群岛。在那里，他学习了马来语。1525年被加西亚·乔弗尔·德·洛阿萨（García Jofre de Loaisa）远征队救出时，他担任西班牙人的口译员。还有马丁德·伊斯拉雷斯（Martínde Islares），像贡扎洛一样，他住在马鲁古时学习了马来语，并在1542年被鲁伊·洛佩兹德·比亚洛沃斯（Ruy Lópezde Villalobos）远征队招募来从当地人那里采购物资（San Agustín, 169: 25）。我们也知道讲马鲁古语和暹罗语的耶稣会士安东尼奥·佩雷拉（Antonio Pereira）（Colín, 1663：322-323）；懂汉语的方济各会修士埃斯特万·奥尔蒂斯（Esteban Ortiz）（San Antonio, 1738：384）；著名的他加禄语翻译家和文法学家，有"尊者"（Venerable）称号的方济各会修士胡安·德·奥利弗（Juan de Oliver）（Colín, 1663: 287），以及圣徒巴勃罗·鲁伊斯·德·塔拉韦拉（Pablo Ruiz de Talavera），他被称为"cura en Manila de los Indios"（"马尼拉印第安人的牧师"），且因其翻译技能备受尊崇（Chirino, 160: 110）。

非欧洲的口译员也被提及。马六甲的马来人奴隶恩里克（Enrique），曾陪同麦哲伦和后来加入他们的某个豪尔赫人。记录中还提到了另一个豪尔赫人，他是当地人，在加入比亚洛沃斯探险队期间皈依基督教，后来参加了1565年米格尔·洛佩斯·德·莱加斯比（Miguel López de Legazpi）的探险队（San Agustín, 1698: 63）。圣奥古斯丁还谈到了一位名叫胡安内斯（Juanes）的墨西哥基督教徒。他出生在圣地亚哥德特拉蒂洛科（现墨西哥城），娶了一位当地贵族的女儿后，在菲律宾住了好几年（同上：169）。一位名叫卡慕坦（Camutan）的摩洛人，他帮助营救了胡安内斯（同上：168）。莫罗·西德·哈梅特（Moro Cid Hamet）（同上：138）与以卡斯蒂利亚语翻译杰罗尼莫（Gerónimo）为代表的"黎牙实比（Legazpi）的远征队"谈判释放了宿务最后一位王公的亲属。

历史上还有许多其他的笔译和口译员，他们在历史文献中存在只是因为在殖民扩张的某些关键时刻进行了翻译。例如，契林诺曾写到，一位来自宿务的老妇人通过耶稣会士皈依基督教，并请求帮助教授教义。这些翻译人员的能力通常不做详细讨论。即使是传教士作家，虽然他们的传记构成了翻译和口译的大部分历史叙事，但只有一小段文字记述了他们擅长某种特定的语言，或者翻译了一段特定的文本，或者为某个特定的使命进行翻译，这通常是我们就他们工作做得有多好得到的全部保证。然而，文献中似乎对当地人的翻译才能达成了共识。科林和圣安东尼奥指出，当地有非常优秀的翻译家能够将西班牙喜剧翻译成当地语言。

文献资料中有两则轶事值得关注，因为它们详细记录了翻译及其主体。圣奥古斯丁谈到了一个叫辛赛（Sinsay）的中国人，他曾帮助早期的定居者与海盗利马洪（Limahong）交流，后者于1575年在吕宋岛西北部对西班牙人发动战争。辛赛似乎很能干，也很忠诚。这里我们阅读了他如何建议海盗与西班牙人和睦相处以避免失败。利马洪回答说，应该做出改变的是西班牙人，因为他的手下人数远远超过了西班牙军队。坎佩尔大区的牧师胡安·德·萨尔塞多（Juan de Salcedo）通过翻译进行了回复，大概是由辛赛完成的。他说，如果不俘虏利马洪，海盗不会放弃潘加西南。我们后来了解到西班牙总督是如何写信给中国皇帝，告知利马洪战败的消息。辛赛这时被称为"el Chino amigo, que tantas vezes hemos nombrado"（我们多次点名的中国朋友），他翻译了这封书信。

辛赛的翻译身份突显了他对西班牙人的忠诚，而另一位基督教名为西蒙·罗德里格兹（Simón Rodríguez）的中文译员，却因背叛而载入史册。根据圣安东尼奥的记载，我们读到罗德里格兹在澳门受洗，并在葡萄牙基督徒的陪伴下长大。后来，他放弃了宗教信仰，前往中国大陆。方济各会于1579年派弗雷·佩德罗·德·阿尔法罗率领一个小团去广东省传福音时，罗德里格兹遇到了他们，因相貌特征认出是欧洲人。他邀请他们到家里，并用食物款待他们，后来把他们带到了一位地方法官那里。阿尔法罗告诉地方法官，他们的目的是让中国人皈依基督教。法官下令检查他们的船，看到他们没有携带武器，便命令他们留在船内，等待进一步通知。各种误解持续了几个星期，方济各会的补给非常有限。据透露，这些传教士以间谍罪被拘留，而拘留他们的是罗德里格兹，为的是得到他们所有的银器，包括他们用来庆祝弥撒的圣杯和祭盘。这种背叛一定非常严重，圣安东尼奥把罗德里格兹描述成"魔鬼般的翻译"，甚至一度惊呼"limpios de vnos Intérpetes tan diestros!"（我们多么希望法庭能摆脱这种狡猾的口译员！）

像在西班牙殖民时期的美洲一样，文献资料中对菲律宾译者的描述也非常矛盾。尽管人们经常将他们铭记为殖民扩张中的关键人物，但也有人批评他们的工作或对他们的忠诚表示怀疑。由于译者具有其他身份，译者以语言为基础的任务与其动机常常混合在一起，从而将译者的工作与殖民主义的迫切性联系在一起。译者的好坏与他或她对殖民生活的贡献有关。此外，这些轶事涉及华人或马来人，使我们对近代早期菲律宾的翻译活动有所触及。西班牙人认为菲律宾是东亚和东南亚宗教化的切入点，因此，文献中经常提及这些地方使用的语言。

5 结论

鉴于仍有许多档案资料尚未研究，对翻译概念的理解也存在诸多变化，研究并未对近代早期菲律宾翻译研究做详尽调查，而是对西班牙殖民的头两个世纪中,不同殖民地行动者主导的文本生成过程进行概述。本文认为,考虑到所依据的跨文化和跨语言原则,这些程序应被视为翻译行为。虽然在现有的历史记录中,有几处引用了严格意义上的翻译文本,但许多翻译者同时也是文本的作者。研究菲律宾翻译历史应该能够解释并存身份,并在此过程中继续审视现有翻译模式对菲律宾语境的适用性。这一观点与皮姆(Pym, 1998: 59)提出的观点一致,即在研究翻译史时,不可能有通用的翻译定义。它还回应了巴斯汀(Bastin, 2006)的建议,即翻译史研究应考虑非规范形式和翻译主体(p.121)。本文同样表明,菲律宾作为翻译中心的定位,应包含在其疆域内多样化的语言及相关主体和事件。因此,通过全面审视近代早期菲律宾翻译史,会发现传教宗教的总体叙述以及跨太平洋贸易和政治带来的影响,也是翻译对菲律宾与亚洲、美洲、欧洲关系的深远影响,或许更为重要的是在刚刚兴起的菲律宾国家内部产生的影响。

【参考文献】

Aduarte, D., & González, D. *Tomo primero de la historia de la provincia del Sancto Rosario de Filipinas, Iapon, y China de la sagrada Orden de Predicadores* [First volume of the history of the Province of the Holy Rosary of the Philippines, Japan and China of the Holy Order of Preachers]. Zaragoza: Domingo Gascón, 1693.

Bandia, P. Orality and translation [A]. Y. Gambier, & L. Van Doorslaer (eds.). *Handbook of Translation Studies, Volume 1*. Amsterdam: John Benjamins. 2010: 108-112.

Bastin, G. Subjectivity and rigour in translation history: The case of Latin America [A]. G, Bastin, & P. F. Bandia (eds.). *Charting the future of translation history*. Ottawa: University of Ottawa Press. 2006: 111-129.

Blancas de San José, F. *Memorial de la vida Christiana en lengua tagala [Librong mahal na ang ngala'y Memorial de la Vida Christiana]* [Memorial of the

Christian life in the Tagalog language/ Sacred book whose title is Memorial of the Christian life] (2nd ed.). Manila (?): Imprenta de José Maria Dayot. [Tomás Oliva, typesetter], 1832 [1605].

Chirino, P. *Relacion de las islas Filipinas i de lo qve en ellas an trabajado los padres de la Compañia de Iesvs* [Account on the Philippine islands and on what the priests of the Society of Jesus have carried out there]. Rome: Esteban Paulino, 1604.

Colín, F. *Labor euangelica, ministerios apostolicos de los obreros de la Compañia de Iesvs: fvndacion, y progressos de su Prouincia en las islas Filipinas* [Evangelical work and apostolic ministry of the workers of the Society of Jesus: The founding and progress of their province in the Philippine islands] (Vol. 1). Madrid: José Fernández de Buendía 1663.

Herrera, P. d. *Meditaciones* [Meditations]. Manila: Nicolás de la Cruz Bagay, 1762.

Hung, E., & Wakabayashi, J. *Asian translation traditions* [G]. Manchester: St Jerome Publishing, 2005.

Lifshey, A. *Subversions of the American century: Filipino literature in Spanish and the transpacific transformation of the United States* [M]. Ann Arbor: University of Michigan Press, 2016.

Lumbera, B. *Tagalog poetry 1570–1898: Tradition and influences in its development* [M]. Quezon City: Ateneo de Manila University Press, 1986.

Medina, J. T. *La imprenta en Manila desde sus orígenes hasta 1810* [Printing in Manila from its origins to 1810]. Santiago de Chile: Author's own printing press, 1896.

Noceda, J. d., & Sanlúcar, P. d. *Vocabulario de la lengua tagala* [Vocabulary of the Tagalog language] (2nd ed.). Valladolid: Higinio Roldán, 1832 [1754].

Ortiz, T. *Práctica del ministerio, que siguen los religiosos del Orden de N.P.S. Augustin, en Philippinas* [Ministerial practices observed by the members of the order of our father St. Augustine in the Philippines]. Manila: Convento de Nra. Señora de los Ángeles, 1731.

Pinpin, T. *Librong pagaaralan nang manga Tagalog nang uicang Castila* [Book with which the Tagalogs should study the Castilian language] [A]. D. L. Woods (eds.). Manila: University of Santo Tomas Publishing, 2011 [1610].

Pym, A. *Method in translation history* [M]. Manchester: St Jerome Publishing, 1998.

Rafael, V. L. *Contracting colonialism: Translation and Christian conversion in Tagalog society under early Spanish rule* [M]. Durham: Duke University Press, 1993.

Ridruejo, E. *El problema de la descripción del sujeto o del tópico nominal en las primeras gramáticas filipinas* [The problem of describing the subject or nominal topic in the first Philippine grammars] [A]. O. Zwartjes, G. James, & E. Ridruejo (eds.). *Missionary Linguistics III/ Lingüística Misionera III: Morphology and syntax-Selected papers from the Third and Fourth International Conference on Missionary Linguistics*. Amsterdam: John Benjamins. 2007: 233-250.

Sales, M. J. Translating 'Asia' in Philippine missionary-colonial texts [J]. *Anais de História de Além-Mar*, 2014 (XV): 171-195.

Sales, M. J. Translating politeness cues in Philippine missionary linguistics: "Hail, Mister Mary!" and other stories [J]. *Journal of World Languages*, 2016 (3:1): 54-66.

San Agustín, G. d. *Conquistas de las Islas Philipinas: la temporal por don Phelipe Segundo el Prudente; y la espiritual, por los Religiosos del Orden de San Agustin* [Conquest of the Philippines islands: the earthly conquest by King Philip II the Prudent, and the spiritual by the religious of the Order of St. Augustine]. Madrid: Imprenta de Manuel Ruiz de Murga, 1698.

San Agustín, G. d. *Compendio de la arte de la Lengua Tagala* [Compendium of the art of the Tagalog language] (2nd ed.) [M]. Manila: Convento de Nra. Sra. de Loreto, 1787 [1703].

San Antonio, J. F. d. *Chronicas de la apostolica prouincia de S. Gregorio de religiosos descalzos de N.S.P.S. Francisco en las Islas Philipinas, China, Japon, & c.* [Chronicles of the Apostolic 14 M. J. SALES Province of San Gregorio of the discalced religious of the our holy father St. Francis in the

Philippine islands, China, Japan and elsewhere]. Manila: Convento de Nra. Señora de Loreto. [Fr. Juan del Sotillo, typsetter], 1738.

Scott, W. H. Barangay: Sixteenth-century Philippine culture and society (4th ed.) [M]. Quezon City: Ateneo de Manila University Press, 1999.

Suárez-Krabbe, J. Postcoloniality and alternative histories: Latin America [A]. P. Poddar, R. S. Patke, & L. Jensen (eds.). *A historical companion to postcolonial literatures: Continental Europe and its empires*. Edinburgh: Edinburgh University Press. 2008: 584-589.

Sueiro Justel, J. Historia de la lingüística española en Filipinas (1580–1898) [History of Spanish linguistics in the Philippines] (2nd ed.) [M]. Lugo: Axac, 2007.

Totanés, S. d. Arte de la lengua tagala, y manual tagalog, para la administración de los santos sacramentos [Art of the Tagalog language and Tagalog manual for administering the holy sacraments]. Manila: Convento de Nra. Sra. de Loreto, 1745.

Valdeón, R. A. Translation and the Spanish empire in the Americas [M]. Amsterdam: John Benjamins, 2014.

Zwartjes, O. The missionaries' contribution to translation studies in the Spanish colonial period: The mise en page of translated texts and its functions in foreign language teaching [A]. O. Zwartjes, K. Zimmerman, & M. Schrader-Kniffki (eds.). *Missionary Linguistics V/ Lingüística Misionera V-Translation theories and practices. Proceedings from the Seventh International Conference on Missionary Linguistics (Vol. 5)*. Amsterdam: John Benjamins. 2012: 1-50

土耳其的语言改革和语内翻译

奥兹勒姆・贝克・阿尔巴滕
雷炳浩 编译

1 引言

我们通常所说的翻译指的是两种语言之间的转换，这一说法在很长一段时间内为翻译学界所接受。但是，随着翻译研究的不断发展，不少学者提出质疑，其中又以俄罗斯语言学家雅各布森（Roman Jakobson, 1896—1982）最为著名。1959 年，雅各布森在《论翻译的语言学问题》一文中提出了三种类型的翻译：语内翻译、语际翻译和符际翻译（Jakobson, 2000: 114）。雅氏的这一分类拓宽了翻译研究的范围，翻译不再局限于两种语言之间，同一语言符号的内部转换（语内翻译）以及两种符号系统之间的转换（符际翻译）同样进入翻译研究的视野。需要指出的是，在翻译研究学科的发展过程中，语际翻译始终占据着统治地位，语内翻译作为一种特殊的翻译现象未能得到应有的重视。本文希望通过对土耳其语内翻译现象的介绍，引起学界对语内翻译现象的关注。

2 语言改革

11 世纪初，大多数土耳其人已经皈依伊斯兰教。出于宗教活动的需要，他们开始学习阿拉伯语和波斯语的词汇和语法（Lewis, 1999: 5-6）。随着语言文化的不断融合，16世纪时土耳其出现了一个糅合了土耳其文化、阿拉伯文化和波斯文化的多元文化体系，萨利哈·帕凯尔（Saliha Paker）称之为"奥斯曼多文化体系"（Ottoman interculture system）（Paker, 2002: 137）。语言融合的结果是奥斯曼土耳其语中充斥着大量来自阿拉伯语和波斯语的词汇，引起了土耳其人的不满，由此引发了土耳其语简化运动（the Türkî-i basit movement），以消除阿拉伯语和波斯语对土耳其语的影响。简化运动在土耳其历史上此伏彼起，其中又以1928年的语言改革运动最为彻底。

19世纪20年代土耳其共和国成立之初，第一任领导人凯末尔（Mustafa Kemal Atatürk, 1881—1938）进行了一系列社会改革，以建立政教分离的现代化国家。语言作为改造社会的一种工具，受到了共和政府的重视。统治者希望通过语言改革削弱土耳其与伊斯兰文化的联系，培养土耳其人的民族自豪感。语言改革始于1928年，主要分为两个阶段：1928年到1932年为第一阶段，这一阶段的主要任务是用拉丁字母代替阿拉伯字母[①]；1932年以后为第二阶段，这一阶段的主要任务是改革土耳其语的词汇、语法、句法等。早在19世纪的坦志麦特时期[②]（the Tanzimat period, 1839—1876），就有人对奥斯曼土耳其语提出过批评，认为其糅合了几种语言，过于复杂，不利于教育的普及和现代思想观念的表达（Heyd, 1954: 10）。还有人指出阿拉伯字母与土耳其语的发音不相匹配，且不易印刷，是造成文盲率居高不下的主要原因，阻碍了科技的发展和传播。改革土耳其语拼写体系的呼声时有出现。19世纪下半期，土耳其人已经进行了一些尝试。最终，新成立的土耳其共和国于1928年11月3日以法律形式废止了阿拉伯字母，决定使用拉丁字母（共有29个字母，其中8个元音，21个辅音）。

其实，发音问题只是促成语言改革的一个原因，更深层次的原因在于意识形态。土耳其人希望切断与伊斯兰文化的联系，改变奥斯曼帝国时期土耳其多语言、多民族的状况，建立现代化、世俗化、单语言的民族国

---

① 1928年语言改革之前，土耳其的语言文字均用阿拉伯字母书写。
② 坦志麦特时期是奥斯曼帝国的一段改革期，力图促成奥斯曼帝国的现代化并保卫领土完整。

家。新生的土耳其政权希望通过共同的语言，实现土耳其社会的团结统一（Berk Albachten, 2004: 111-112）。可以说，语言在意识形态的产生和传播以及新民族身份的建立方面发挥了重要作用。

1928 年 11 月，土耳其开始使用新的字母表，同年出版了新的拼写词典（İmlâ Lûgatı）。1928 年 11 月 11 日，土耳其部长会议（the Council of Ministers）决定建立民族学校（Millet Mektepleri），教授土耳其人民新的字母表（Korkmaz, 1992: 84-102）。1929 年年中开始，土耳其所有出版物均采用新式字母印刷，阿拉伯字母和波斯字母被彻底禁止，宗教作品也不例外（Shaw & Shaw, 1977: 386）。同年 9 月开始，土耳其境内的学校不再教授阿拉伯语和波斯语。通过一系列举措，土耳其的文盲率大幅下降。1927 年，土耳其的识字率不到 8%（T. C. Devlet İstatistik Enstitüsü, 1973），1935 年增至 19.2%，1940 年为 24.5%，1945 年达到 30.2%（T. C. Başbakanlık. Türkiye İstatistik Kurumu, 2009）。2013 年的数据显示，土耳其的文盲率仅为 4%（Turkish Statistical Institute, 2013: 88）。

语言改革第二阶段的主要任务是改革土耳其语的词汇、语法、句法等，实现新土耳其语[①]的标准化。1932 年 7 月 12 日，土耳其语言协会（the Turkish Language Society）成立，协会由两个部分组成：一个负责语文和语言事务，另一个负责词典、术语表的编写以及语法、句法、词源等的研究（Ünaydın, 1943: 9-11）。语言协会的主要目标是"发掘土耳其语中的丰富资源""提升土耳其语在世界语言之林中的地位"。为了发掘土耳其语中的丰富资源，语言协会收集、创造了很多土耳其语词汇，以替代土耳其语中的外来词（T. C. Maarif Vekilliği, 1933: 437）。

为了确定外来词（即波斯语词汇和阿拉伯语词汇）的土耳其语对等词，1933 年 3 月语言协会开始向公众征求意见。协会从塞姆斯丁·萨米（Şemseddin Sami）所编的《土耳其语词典》（*Kamus-ı Türkî,*

---

① 此处的新土耳其语是一个与旧的奥斯曼土耳其语相对的概念。如上文中所述，旧的奥斯曼土耳其语糅合了土耳其语、阿拉伯语、波斯语三种语言，使用阿拉伯字母书写，而新土耳其语则力图摆脱阿拉伯语和波斯语的影响，使用拉丁字母拼写，希望实现土耳其语的纯洁化。下文中的现代土耳其语（günümüz Türkçesi）、纯土耳其语与新土耳其语为相似概念，在本文中交替使用。

1899—1900）中选取了 10 多个来自阿拉伯语和波斯语的词汇，将其刊登在报纸的头版上，请民众给出这些词汇的土耳其语对等词。在征集意见的基础上，1934 年语言协会发布了它的第一部词典——《奥斯曼土耳其语词汇的土耳其语对等词评论杂志》（the *Osmanlıcadan-Türkçeye Söz Karşılıkları Tarama Dergisi*）。该词典收录了 7000 多个外来词，并给出了 30000 个建议使用的替代词（Heyd, 1954: 29-30）。20 世纪 40 年代，语言协会通过召开代表大会、成立各种委员会进行研究论证，先后又出版了多部词典。①

"土耳其的语言改革从一开始就与翻译密切相关"（Susam-Sarajeva, 2003: 9）。土耳其的语言纯洁化运动表现为用新土耳其语词汇替换旧的奥斯曼土耳其语词汇，这其实就是一种语内翻译。语言纯洁化运动对土耳其文学产生了重要影响。随着拼写体系的改变，不仅古代作品需要转写成新土耳其语，很多近现代作品也被要求用新土耳其语重写。语内翻译还影响了土耳其新文学的发展，始于 19 世纪中叶的土耳其新文学在题材和语言上都发生了变化，语言的使用成为土耳其文学批评的重点。

为了普及新词汇，土耳其政府采取了一系列举措。教育部为各级各类学校挑选教材，介绍新的科技术语。官方文件、百科全书和翻译作品等均使用新的词汇、语法和词组。1924 年版《土耳其宪法》被翻译成纯土耳其语（öz Türkçe），并于 1945 年 1 月颁行，语言改革取得重大胜利（Lewis, 1961: 429; Heyd, 1954: 42）。不过，20 世纪 50 年代由于政治局势的变化，土耳其议会撤销了 1945 年通过的《土耳其宪法》，重新使用 1924 年版的《土耳其宪法》（Heyd, 1954: 51）。

语言的使用往往能够体现一个人的政治倾向。20 世纪 50 年代以后的土耳其，信奉伊斯兰教的右翼政客和作家偏好使用阿拉伯语和波斯语词

---

① 比如《土耳其口语集》（*Türkiyede Halk Ağzından Söz Derleme Dergisi*, 1939—1957）、《土耳其语同义词词典》（*Tanıklarıyla Tarama Sözlüğü*, 1943—1957）、《拼写词典》（*İmlâ Kılavuzu*, 1941）、《语法术语词典》（*Gramer Terimleri Sözlüğü*, 1942）、《地理术语词典》（*Coğrafya Terimleri Sözlüğü*, 1942）、《哲学和语法术语词典》（*Felsefe ve Gramer Terimleri Sözlüğü*, 1942）、《法律词典》（*Hukuk Lûgatı*, 1944）、《土耳其语词典》（*Türkçe Sözlük*, 1945）。此外，语言协会还出版有简报《土耳其语》（*Türk Dili*），1951 年以后更名为《土耳其语：思想和文学月刊》（*Türk Dili, Aylık Fikir ve Edebiyat Dergisi*），致力于发布外来词的土耳其语对等词。

汇，而推崇现代化的左翼政客和知识分子则主张使用纯土耳其语，继续用新词代替源自阿拉伯语和波斯语的旧词。

如今，土耳其语言协会的目标仍未改变。协会于1993年成立了寻找外来词的对等词委员会（Yabancı Kelimelere Karşılık Bulma Komisyonu）。1994年2月开始，委员会每个月都会公布15—20个外来词的土耳其语对等词，这些词的含义和用法发布在语言协会会刊《土耳其语：思想和文学月刊》上。语言协会还出版了一本书，其中包括1121个来自西方的外来词的土耳其语对等词（*Yabancı Kelimelere Karşılıklar,* 2002）。

2008年，语言协会发布了《外来词的对等词指南》（*Yabancı Sözlere Karşılıklar Kılavuzu*）。《指南》主要分发给有关机构，以促进土耳其语词汇在大众媒体和商业活动中的使用（Akalın, 2008: 12）。2008年的工作报告显示，语言协会的工作重点发生了转移，开始致力于为20世纪70年代（特别是1993年以后）以来借自英语的外来词寻找土耳其语对等词。2007年，语言协会在其官方网站上发布了《土耳其语中借自西方的外来词词典》（*Türkçede Batı Kaynaklı Kelimeler Sözlüğü*），并且还在对该词典进行不断更新。土耳其的语言政策发生转变。

3 土耳其小说的语内翻译

20世纪七八十年代，随着翻译研究的不断发展，源文本导向的翻译研究受到越来越多的质疑，以图里为代表的描写翻译学派提倡目标文本导向的翻译研究，主张研究目标语文化对翻译的影响以及翻译对目标语文化的作用。为了配合这种研究，图里对翻译进行了重新界定，提出了"假定翻译"这一概念，认为不管出于何种理由，在目标语文化中所有被声称或者被认为是翻译的语段都可以被冠以"假定翻译"的名义进行研究（Toury, 1995: 32）。图里对翻译的重新界定拓展了翻译研究的范围，许多传统上不被视为翻译的文本也被纳入了翻译研究的范围。语内翻译作为翻译的一种特殊形式，理应进入翻译研究者的视野。但是，长期以来土耳其人却并未将语内翻译视为翻译。很多语内翻译作品的封面或标题页上并未使用"翻译"一词，而是使用"简化"（sadelifeştirilmiş）、"土耳其语化"（Türkçeleştirilmiş）、"调整"（düzenlenmiş）和"为出版进行整理"（yayına hazırlanmış）等词。贝克·阿尔巴滕曾分析了很多语内翻译作品，发现在大多数作品的前言里，编辑和出版商都未言明这些作品是翻译作品，只是说它们是对原作的复制。①

按照雅各布森对翻译的理解（2000），这些作品对旧文本进行了改写和更新，完全可以视为语内翻译。但是，在土耳其语中，人们并未使用"语内翻译"一词指代这些作品，而是使用了一些其他术语。这些术语主要来自土耳其语委员会（Türk Derneği）。该委员会成立于1908年，是土耳其第一个民族主义性质的文化组织，其成员对语言问题有不同的看法。成员中的简化主义者（sadeleştirmeciler）主张彻底消除土耳其语中的非土耳其元素（Lewis, 1999: 19）。土耳其化支持者（Türkçeciler）"认为应该使用常用的土耳其语后缀来创建新词，同时认为日常语言中使用的阿拉伯语词汇和波斯语词汇也应该被视为土耳其语"（同上）。净化主义者（tasfyeciler）"不反对将日常语言中使用的阿拉伯语词汇和波斯语词汇视为土耳其语，同时主张吸收其他方言中的词汇和词缀"（同上）。此后几年，"简化""土耳其化""净化"等词频频出现在各种作家和诗人的作品中。令人惊讶的是，尽管土耳其人还使用了别的术语来指代这种实践活动，但却很少使用"翻译"一词，原因可能在于我们通常所说的"严格意义上的翻译"指的是语际翻译。

3.1 小说家哈利德·齐亚·乌沙克利吉尔的自译

20世纪30年代以降，许多语言改革的支持者开始将自己的作品翻译成新土耳其语，努力消除阿拉伯语和波斯语对其作品的影响，哈利德·

---

① 据贝克·阿尔巴滕的研究，土耳其第一位使用"语内翻译"（diliçi çeviri）一词的学者是蒂拉伊·根奇蒂尔克·代米尔切吉奥卢（Tülay Gençtürk Demircioğlu）。2002年，在将法蒂玛·阿利耶·汉尼姆（Fatma Aliye Hanım）的作品《生活场景》（*Levâyih-I Hayât*）译成现代土耳其语时，代米尔切吉奥卢使用了语内翻译一词。请参阅 Berk Albachten, 2013。

齐亚·乌沙克利吉尔（Halid Ziya Uşaklıgil, 1865—1945）就是其中之一。①乌沙克利吉尔是20世纪初土耳其现实主义小说的代表作家，他的第一部小说《蓝与黑》（*Mai ve Siyah*）1895至1896年间连载于《知识的价值》（*Servet-i Fünun*）杂志上，后于1897年结集出版，1938年由作者本人进行"简化"。

乌沙克利吉尔对语言的认识经历了一些变化。在其早期小说中，乌沙克利吉尔偏爱华丽的风格，认为一些阿拉伯语和波斯语词汇、短语和语法成分已经渗透到奥斯曼土耳其语中，能够表达一些土耳其语无法表达的意思。到了1908年末，乌沙克利吉尔却在一篇文章中介绍了如何"净化"土耳其语，认为应该通过使用外来词的土耳其语对等词来实现语言的"简化"（Önertoy, 1999: 231-233）。在1932年召开的第一届土耳其语言大会（Turkish Language Congress）上，乌沙克利吉尔的立场彻底发生转变，他主张使用纯土耳其语，认为拼写体系改革是将土耳其语从阿拉伯语和波斯语的统治中解放出来的第一步（T. C. Maarif Vekilliği, 1933: 330-342）。

过去几十年间，《蓝与黑》被译成多个现代土耳其语版本。1938年乌沙克利吉尔自己完成了第一个译本，此后又陆续出现了四个译本②，每个译本的译者和出版商都不同。需要注意的是，这些译本均未使用"翻译"之类的字眼，而是使用"简化""调整"和"为出版进行整理"（yayına hazırlanmış）。

在这些译本中，译者和编辑的主要策略是用新词替换那些被认为是来

---

① 恩费尔·多甘（Enfel Doğan）指出，穆罕默德·拉乌夫（Mehmed Rauf, 1875—1931）对自己的小说《九月》（*Eylül*, 1901）进行了语内翻译，并于1925年出版了该书的第三版。拉乌夫和乌沙克利吉尔并不是个例。奥克塔伊·里法特（Oktay Rifat）、法齐尔·胡斯努·达格拉尔卡（Fazıl Hüsnü Dağlarca）和埃迪普·詹塞韦尔（Edip Cansever）均对自己作于20世纪70年代的一些诗歌进行了改写，用新词替换了一些源自其他语言的旧词。法基尔·巴伊库尔特（Fakir Baykurt）不仅改变了《伊拉兹贾的和平》（*Irazca'nın Dirliği*, 1961）的内容，而且改变了风格和语言（Apaydın, 1997）。
② 第二个译本的译者为内夫扎特·基齐尔詹（Nevzat Kızılcan, 1977），第三个译本的译者为哈米德·费特希·戈兹莱尔（H. Fethi Gözler, 1980），第四个译本的译者为塞姆斯丁·库特卢（Şemsettin Kutlu, 1997），第五个译本的译者为恩费尔·多甘（Enfel Doğan, 2002）。20世纪30年代、40年代和50年代的出版商是希勒米（Hilmi）；60年代、70年代的出版商是因基拉普与阿卡（İnkılap and Aka）；80年代、90年代的出版商是革命书店（İnkılap Kitapevi）；进入新世纪以后的出版商是奥兹古尔（Özgür Publishing）。

自阿拉伯语、波斯语的旧词。有时，译者并未直接将一些旧词翻译成现代土耳其语，而是使用括号或者脚注给出它们的新形式。此外，这些译本的拼写都进行了更新，也就是用拉丁语拼写替代了原来的阿拉伯语拼写。编辑和出版商在副文本中表示对小说进行更新是十分必要的，可以实现文本的现代化，满足年轻一代的阅读需求。有趣的是，尽管译者和出版商对原作进行了上述操作，他们却努力标榜自身的可靠性，认为自己的译本重现了原作，没有损害原作的意思和风格。

3.2 其他土耳其小说的语内翻译

我们再来看两部土耳其著名小说的语内翻译。第一部是哈莉黛·埃迪布·阿迪瓦尔（Halide Edib Adıvar, 1884—1964）的《小丑和他的女儿》[①]（*Sinekli Bakkal*, 1936）。阿迪瓦尔是土耳其妇女解放运动的先驱、国际知名小说家，能够使用土耳其语和英语写作，1940年被任命为伊斯坦布尔大学英语文学系第一任主任。第二部小说是侯赛因·拉赫米·古尔皮纳尔（Hüseyin Rahmi Gürpınar, 1864—1944）的《彗星下的婚姻》（*Kuyruklu Yıldız Altında Bir İzdivaç*, 1910）。古尔皮纳尔是现实主义大师，创作有多部长、短篇小说。两部小说都是土耳其的文学经典，入选2004年土耳其教育部推荐的100部必读作品。

通过比较《小丑和他的女儿》的两个译本和《彗星下的婚姻》的四个译本，可以发现两部小说的译本与上文中提到的《蓝与黑》的译本有一些共同之处。这些译本都使用新土耳其语词汇替换旧的奥斯曼土耳其语词汇，都有不同程度的转写错误和翻译错误，都对原文的拼写进行了更新，都有不同程度的增删和句法的修改。此外，这些译本还都使用序言、引言、脚注、词汇表、括号等工具对译文进行解释。

《小丑和他的女儿》的第一个译本由阿特拉斯出版社（Atlas Publishing, 1970）出版，译者为巴哈·杜尔代尔（Baha Dürder），该译本被认为是对原文的"简化"；第二个译本由奥兹古尔出版社（2003）出版，译者

---

① 这部小说最初用英文写成，1935年出版，后由作者本人翻译成土耳其语，并于1936年出版。

为穆罕默德·卡尔帕克利（Mehmet Kalpaklı）和苏阿特·耶西姆·卡尔帕克利（S. Yeşim Kalpaklı），译者并未使用"翻译"一词，只是表示"为了出版对原文进行了整理"。《彗星下的婚姻》的前三个译本分别由希勒米出版社（1958）、阿特拉斯出版社（1976）、埃弗里斯特出版社（Everest Publishing, 2012）出版，三者均表示译文是对原文的"简化"。第四个译本由奥兹古尔出版社出版，译者为凯末尔·贝克（Kemal Bek），译本的副文本显示该版本是用现代土耳其语完成的。

当然，这些译本之间也有一些明显的差异。以《彗星下的婚姻》为例，除了贝克1995年的译本，其他三个译本均没有给出"译者"的名字。此外，1976年译本和1995年译本都对原作的标题进行了修改，表示"婚姻"的 *izdivaç*（来自阿拉伯语的词汇）被翻译为 *evlenme*（纯土耳其语词汇）。通过比较奥兹古尔出版社出版的《彗星下的婚姻》译本和《小丑和他的女儿》译本，可以发现有些词在前者中被翻译成现代土耳其语，而在后者中却或是直接保留，或是加注解释。

这些出版社要么直接删除原文中的某些部分，要么添加一些原文中不存在的句子。一些译本中还存在对原文的错误解读。出版社的这种做法遭到了一些读者的批评。为了应对这种批评，埃弗里斯特、阿尔马（Arma）、代尔加（Dergah）和亚皮·克赖迪（Yapı Kredi）等出版社最近出版了奥斯曼土耳其语和现代土耳其语双语版的小说。最近的研究表明，土耳其出版商并未停止翻译的步伐，正私下里将很多新近作家的作品翻译成现代土耳其语。亚萨尔·凯末尔（Yaşar Kemal）的《锡鼓》（*Teneke*）等知名作品，均在作者不知情的情况下，被出版商进行了改写（Dündar, 2006）。当然，我们不能将所有责任都推给编辑和出版商，更深层次的原因在于国家政策（即语言改革）的影响。在语言改革的大背景下，语内翻译成为了保守势力和进步势力斗争的战场，前者强烈反对进行语内翻译，而后者则积极主张进行语内翻译。

雷费克·哈立德·卡拉伊（Refik Halid Karay, 1888—1965）是20世纪上半叶土耳其著名的教育家、作家和记者，他的作品在土耳其很受欢迎，后由其子恩代尔·卡拉伊（Ender Karay）翻译成现代土耳其语。在回忆自己的翻译生涯时，恩代尔深表遗憾，因为在出版社的要求和大的社会背景下，他不得不对父亲的作品进行了改写。①恩代尔指出，当时的土耳其总理建议文学作品应"尽可能适应改革运动的发展"，正是在这一背景下，他开始将父亲的作品翻译成现代土耳其语（Filiz, 2007）。

土耳其的很多作家和学者认为，用新词代替旧词或在脚注中给出新意思都不能算是"翻译"，因为它们都没有改变原文（同上）。在他们看来，语内翻译是一种机械的过程。在该过程中，语言被视为一种透明的媒介，语内翻译与政治和意识形态的联系被忽略了。在这些人眼中，意思是永恒不变的，所以他们无法认识到新版本可能产生的多重意义。在这一观点的影响下，译者和出版商也就不将语言内翻译视为翻译。结果，语内翻译在土耳其文学体系中就担当起了原作的功能，而真正的原作则慢慢淡出了人们的视野。

4 新语言文学的评论家

语言的改变不仅影响了土耳其的文学创作，还深深影响了土耳其语的文学批评。陶菲克·图兰（Tevfk Turan）指出，土耳其的文学批评在很长一段时间里一直囿于对语言的批评（Turan, 2006）。亚莱·帕拉（Jale Parla）表示，"土耳其共和国成立以来，一些知识分子如果发现某部小说使用的语言已经过时，就会对其大加指责，认为这种风格偏离了标准语言，是对民族主义、凯末尔主义和政教分离思想的背离"（Parla, 2008: 30-31）。有时，这些知识分子甚至会操纵不同意见者的声音，全然不顾可能产生的危害（同上: 31）。

1977年，奥古兹·阿塔伊（Oğuz Atay）将短篇小说《铁路上讲故事的人：一个梦想》（*Demiryolu Hikâyecileri: Bir Rüya*）投给土耳其语言协会主办的《土耳其语：思想和文学月刊》。编辑"随意净化他的语言，破坏

---

① 20世纪80年代，恩代尔·卡拉伊将雷费克·哈立德·卡拉伊的很多作品改编成现代土耳其语，比如短篇小说《乡土故事》（*Memleket Hikâyeleri*, 1919）和《异乡故事》（*Gurbet Hikâyeleri*, 1940）以及长篇小说三卷本的《尼尔贡》（*Nilgün*, 1950—1952）和《今日侍臣》（*Bugünün Saraylısı*, 1954）。

了他的意思"（同上：33）。小说于1978年1月出版，此时阿塔伊已经离世，小说中的许多阿拉伯语和波斯语词汇被翻译成纯土耳其语。编辑们显然不喜欢阿塔伊的语言风格，所以对小说的语言横加干涉。后来一位参与其中的编辑表示，他们之所以这样做完全是因为当时的语言政策（Ecevit, 2005: 497）。编辑们干预的主要是那些来自阿拉伯语和波斯语的词汇，而来自西方语言的词汇（比如车站 [istasyon]、火车 [tren]、邮件 [posta]、快递 [ekspres]、电报 [telgraf]、站台 [peron]、铁路 [ray]、货车 [vagon] 等）却没有经历类似干预。

5 结语

综上所述，用纯土耳其语词汇替换那些不为主流意识形态接受的旧词汇是土耳其语内翻译的主要方法。在土耳其，偏爱阿拉伯语和波斯语的旧词汇，还是纯土耳其语词汇，反映的不仅是语言上的分歧，更是政治上的分歧。20世纪80年代以来，土耳其人对以往激进的语言政策进行了一定反思，土耳其文学在类型、形式、技巧和主题方面逐渐丰富起来。尽管仍有一些批评家极力主张使用现代土耳其语，许多作家却在努力突破这一界限，创造新的表达形式。埃利夫·沙法克（Elif Shafak）就表示拒绝"合理化、集权化、土耳其化的现代语言"（Shafak, 2006: 156），认为"语言清洗就相当于种族清洗"（Şafak, 2005: 28）。在今天的土耳其，语言仍然经常与政治挂钩，但是经过新一代土耳其作家的不懈努力，这种僵化的语言观似乎在慢慢消退，土耳其逐渐在与自身传统和解。毫无疑问，在今后一段时间土耳其的语内翻译实践仍将继续进行。但是，在多元语言环境下，语内翻译批评将逐渐减少对词汇层面的关注，更加关注语内翻译对社会、文化和意识形态的影响，语内翻译也将越来越多地出现在学术话语中。

【参考文献】

Akalın, Şükrü Halûk, et al. *Yabancı Sözlere Karşılıklar Kılavuzu (C)*. Ankara: TDK, 2008.

Apaydın, Mustafa. Edebi Metne Yazarı Tarafından Yapılan Müdahaleler ve Irazca'nın Dirliği'ne Bu Açıdan Bir Bakış [J]. *Türkoloji Araştırmaları*, 1997: 41-67.

Berk Albachten, Özlem. *Translation and Westernization in Turkey: from the 1840s to the 1980s* [M]. Istanbul: Ege, 2004.

Berk Albachten, Özlem. Intralingual Translation as 'Modernization' of the Language: The Turkish Case [J]. *Perspectives: Studies in Translatology*, 2013 (22:2): 257-271.

Berk Albachten, Özlem. Intralingual translation: Discussions within translation studies and the case of Turkey [A]. *A companion to translation studies*, 2014: 571-585.

Berk Albachten, Özlem. The Turkish language reform and intralingual translation [A]. Ş. Gürçağlar, S. Paker, & J. Milton (eds.). *Tradition, Tension and Translation in Turkey*. 2015: 165-180.

Dündar, Leyla Burcu. Teneke'nin Uğradığı Metamorfoz ve Editörlük Kurumu [J]. *Varlık*, 2006 (1189): 34-40.

Ecevit, Yıldız. *"Ben Buradayım..." Oğuz Atay'ın Biyografk ve Kurmaca Dünyası* [M]. Istanbul: İletişim, 2005.

Filiz, Kadir. Türk Edebiyatında Metin Darbeleri. *Aksiyon* 681, December 24, 2007, [R/OL]. http://www.aksiyon.com.tr/detay.php?id=29137, 2009-06-19.

Heyd, Uriel. *Language Reform in Turkey* [M]. Jerusalem: Israel Oriental Society, 1954.

Jakobson, Roman. On Linguistic Aspects of Translation [A]. L. Venuti. (eds.). *The Translation Studies Reader*. London: Routledge. 2000: 113-18.

Korkmaz, Zeynep. *Atatürk ve Türk Dili: Belgeler* [G]. Ankara: Türk Dil Kurumu Yayınları, 1992.

Lewis, Bernard. *The Emergence of Modern Turkey* [M]. Oxford: Oxford University Press, 1961.

Lewis, Georey. *The Turkish Language Reform: A Catastrophic Success* [M]. Oxford: Oxford University Press, 1999.

Önertoy, Olcay. *Halit Ziya Uşaklıgil Romancılığı ve Romanımızdaki Yeri* [M]. Ankara: Kültür Bakanlığı, 1999.

Paker, Saliha. Translation as *Terceme* and *Nazire*. Culture-bound Concepts and their Implications for a Conceptual Framework for Research on Ottoman Translation History [A]. T. Hermans (eds.). *Crosscultural Transgressions. Research Models in Translation Studies II. Historical and Ideological Issues*. Manchester, UK & Northampton, MA: St. Jerome. 2002: 120-143.

Parla, Jale. The Wounded Tongue: Turkey's Language Reform and the Canonicity of the Novel [J]. *PMLA*, 2008 (123:1): 27-40.

Şafak, Elif. Dilbilgisel Temizlik. *NPQ Türkiye*, 2005 (7:3): 28-31.

Shafak, Elif. Women Writers, Islam, and the Ghost of Zulaikha [A]. G. MacLean (eds.). *Writing Turkey: Explorations in Turkish History, Politics and Cultural Identity*. London: Middlesex University Press. 2006: 153-156.

Shaw, Stanford J., and Ezel Kural Shaw. *History of the Ottoman Empire and Modern Turkey: Volume II: Reform, Revolution, and Republic: The Rise of Modern Turkey, 1808–1975* [G]. Cambridge: Cambridge University Press. 1977.

Susam-Sarajeva, Şebnem. Multiple-entry Visa to Travelling Theory: Retranslations of Literary and Cultural Theories [J]. *Target*, 2003 (15:1): 1-36.

T. C. Başbakanlık. Türkiye İstatistik Kurumu. *Statistics: Literacy & Education* [R/OL]. http://www.die.gov.tr/tkba/istatistikler3.htm, 2009-06-19.

T. C. Devlet İstatistik Enstitüsü. *Milli Eğitimde 50 Yıl: 1923–1973* [M]. Ankara: Devlet İstatistik Enstitüsü, 1973.

T. C. Maarif Vekilliği. *Birinci Türk Dili Kurultayı: Tezler, Müzakere Zabıtları* [M]. Istanbul: Devlet Matbaası, 1933.

Toury, Gideon. *Descriptive Translation Studies and Beyond* [M]. Amsterdam:

John Benjamins, 1995.

Turan, Tevfk. Edebiyat Eleştirisi Olarak Dil Eleştirisi [A]. A. Menz. & C. Schroeder (eds.). *Türkiye'de Dil Tartışmaları*. Istanbul: Bilgi Üniversitesi Yayınları. 2006: 73-82.

Turkish Statistical Institute. *Address Based Population Registration System Results* [R]. Ankara: Turkish Statistical Institute, 2013.

Ünaydın, Ruşen Eşref. *Türk Dili Tetkik Cemiyeti'nin Kuruluşundan İlk Kurultaya Kadar Hatıralar* [M]. Ankara: Türk Dil Kurumu Yayınları, 1943.

Yabancı Kelimelere Karşılıklar. Ankara: TDK, 2002.

藏传佛教翻译史：译者与研究述评

罗伯塔·瑞妮　著
赵燕飞　编译

1　导言

藏传佛教翻译史历时近千年，规模宏大，内容繁复，对藏族社会与文化发展产生了深远的影响。自公元 7 世纪起的 900 余年里，藏地译经师与班智达[①]共译出佛典约 5000 部，总字数达 7300 万字，其后形成的藏文版《大藏经》更被视为内容最完备的佛典之一，以其翻译精确、严密而享誉世界（Khyentse, 2009: 23）。正如藏学家彼得·史基林（Skilling, 2009: 23）所言，藏文版《大藏经》的译出是"世界文明史上最伟大的文化交流之一"。然而，藏传佛教翻译史的研究仍是块有待开垦的学术土地。一方面，这是由于在翻译研究领域，有关宗教翻译史的研究主要围绕西方犹太教、基督教传统展开，研究者鲜少涉及佛经翻译传统，更遑论其分支藏传佛教翻译史了（Raine, 2010）。另一方面，由于西藏地理位置、环境及语言障碍等原因，藏学研究直至今天仍为一门新兴学科。虽然藏学家或佛教研究学者就佛经翻译对西藏社会的影响已做了不少研究，但就佛经翻译这一主题仍缺乏系统、深入的讨论（Raine, 2014）。

[①] 班智达（梵文：pandita）指印度的博学之士。在佛教中，班智达常被视为精通五明（工巧明、医方明、声明、因明、内明）的博学之士。

近年来，学者罗伯塔·瑞妮就藏传佛教翻译史，特别是藏地佛经译者这一主题发表了系列研究论文，包括藏传佛教翻译史相关英文文献的综述类文章（Raine, 2010; 2011）和基于一手档案调查分析的原创文章（Raine, 2014）两类，探讨了藏传佛教"前弘期"与"后弘期"的社会背景和译经概况、佛经译者的基本信息、翻译策略及古代藏传佛教翻译史对当代藏文佛典译介的启示等问题。瑞妮及其研究团队是首次就西藏翻译史这一主题发表系列研究论文的翻译学者（Raine, 2014）。从这一角度来看，瑞妮的研究颇具垦拓性。

纵观瑞妮发表的几篇文章，贯穿其中的一条主线便是"佛经译者"。皮姆在《翻译史研究方法》（*Method in Translation History*）一书中提出了翻译史研究的四项原则，其二是译者应作为"历史研究的主体"。皮姆（Pym, 1998: ix）指出，只有在充分了解译者的基础上，研究者才能进一步探讨翻译产生的"社会动因"及译者在其社会关系网络（如资助者、委托人）中的角色等问题。此类较为基础的研究工作可归为皮姆所说的"翻译考古学"（translation archaeology），旨在回答"译者翻译了什么、如何翻译、何时何地、为谁翻译及影响如何"的问题（Pym, 1998: 5）。而在现有的藏传佛教翻译史研究中，恰恰缺乏此类有关译者的基础性研究，进而很难对译本进行具体分析（Raine, 2014）。为此，本文将通过文献调查的方式，以藏传佛教的"前弘期"和"后弘期"两个阶段为分界，就藏地佛经译者的组织形式，译者的基本数据（如译者人数、译经产出及传记信息），译经规范进行描述和分析，并尝试揭示古代藏地佛经译者的翻译实践对当代藏文佛典译介的启示。

2 藏传佛教的"前弘期"与"后弘期"

2.1 "前弘期"佛经译者的组织形式

从公元 7 世纪松赞干布（Songtsen Gampo, 617—649）建立吐蕃王朝到 9 世纪朗达玛（Langdharma, 799—842）禁佛的两百多年，是佛教在西藏发展的第一个阶段，史称藏传佛教的"前弘期"（617—839）。629 年，松赞干布继位，先后兼并西藏高原境内诸部，统一全境并积极向周边国家和地区学习先进文化。鉴于当时吐蕃尚未有文字，松赞干布派十六名大臣前往天竺学习声明（语言学），然而由于种种困难，最终只有吞米桑布扎（Thonmi Sambhota）学成归来并完成了松赞干布创制藏文的计划（Raine, 2010）。由此，基于梵文天城体创制而成的藏文进一步促进了佛经由口诵向书写传承的嬗变，并为印度佛经在西藏的传译提供了工具（Cabezon & Jackson, 1996）。

在藏传佛教的"前弘期"，佛经译者主要由王室组织赞助，翻译形式主要表现为延请入藏的印度班智达与藏地本土译师紧密合作。这一时期，除松赞干布外，赤松德赞（Trisong Detsen, 740—797）、赤德松赞（Tride Songtsen, 764—815）、赤惹巴巾（Tri Ralpachen, 806—836）三位赞普对佛经翻译的发展也起了重要的推动作用。在赤松德赞时期，佛经翻译获得空前发展。为培养译才，王室曾派数百名学僧赴印度等地学习梵文并延请外籍僧侣入藏弘法，参与佛经翻译。此外，赤松德赞于 779 年建立了西藏第一座真正意义上的寺院——桑耶寺，寺内建有专门进行佛经翻译的译场，王宫对于佛经翻译高度重视，译师生活起居一律由王宫负责供养（Raine, 2010）。

下任赞普赤德松赞继位后，同样采取了扶植佛教的措施，在其领导下，佛经翻译由起初的"随意、杂乱无章"迅速发展为"由中央政府统一监管"的组织化事业（Harrison, 1996: 73）。除了组织翻译佛经，赤德松赞还集中力量整理编写了佛经目录，编纂辞书以规范佛经术语的翻译并制定了译经准则（Raine, 2010）。例如，赤德松赞的关键一举便是创立了由印度和西藏学者共同组成的译者委员会，"负责校订新旧译文以确保术语和翻译策略的统一"（Verhagen, 1994: 10）。这是由于虽然当时藏地译者经常同印度的班智达合作以明晓经义，但当时尚未有明确的术语标准和译经规范，由此，制定明确的译经规范十分必要。

赤德松赞退位后，赤惹巴巾继位，继续采取官方资助佛经翻译的政策。据说，赤惹巴巾曾延请至少 90 名班智达入藏，协助佛经翻译，藏地的佛经翻译事业迎来了黄金时代（Das, 2006: 67-68）。然而，838 年，赤惹巴巾遭遇暗杀，其兄朗达玛继位，推行禁佛政策，佛教受到压制，佛经翻译事业戛然而止，吐蕃王朝逐渐走向瓦解，西藏进入约长达150年的"黑暗时代"。

2.2 "后弘期"佛经译者的组织形式

经过了一百余年的分裂割据，10世纪后期起，各地的国王与封建主兴起，佛教再度在西藏弘传，标志着藏传佛教"后弘期"（958—1717）的到来。这一时期藏地的翻译活动呈现出多样化的特征。戴维森（Davidson, 2005: 155）指出，从10世纪晚期到12世纪，藏人渴望吸收源自印度和中亚一切门类、各种学科的知识，到11世纪，西藏已有相当数量的译师翻译了"文学、艺术、药学、马学、政治、韵律学、星象学等领域的著作"，不过在丰富的翻译活动中，对密教经典的翻译仍占主流。

在译者的组织资助方面，与"前弘期"官方统一资助的形式相比，这一时期的译者需依赖各个地区封建主、王公、权贵的资助，且时常被迫卷入竞争以寻求贵族的资金支持（Raine, 2010）。戴维森（Davidson, 2005: 127）指出，尽管这一时期藏地的译经师仍享有崇高的社会地位，但此时的译者已很少能享受到"前弘期"受皇室统一资助的译经师们所拥有的优渥条件，他们所拥有的不过是"少量的笔墨供给和一部叫作《翻译名义大集》（*Mahavyuttpati*）的辞书"。

除了资助有限的问题，这一时期的译经师们也需花大量时间到尼泊尔、克什米尔和印度其他地区学习，而这样的旅程通常异常艰险。例如，"后弘期"最著名的佛教资助者古格王朝国王拉喇嘛·益西沃（Lha Lama Yeshe O, 959—1040）曾于1025年派21名僧人赴印度寻找班智达和佛教典籍，不过其中19位僧人都殁于疾病或意外，最终仅有仁钦桑布（Rinchen Zangpo, 958—1055）一人归来，成为藏传佛教后弘期的第一位佛经译者，一生共译出佛典174部（Das, 2006; Tsepak, 1984）。

在译者的合作方面，由于到13世纪，穆斯林武装侵入印度北部，毁掉了大量寺院，也使出行变得异常危险，因此，这一时期的印度班智达很难到达西藏同当地译师合作。例如，据史料记载，14世纪到17世纪之间仅有 30 位班智达到访西藏（Shastri, 2002: 141）。由于印度的不利形势，很多后来的译者只能在西藏当地或尼泊尔学习梵文，并且缺乏同班智达合作的机会。由于印度寺院的衰落和班智达的缺乏，13 到 14 世纪的译经师"只能完全依赖字对字的机械翻译"，这一时期产出的翻译似乎整体不如前代准确也就并不意外了（Davidson, 2005: 127）。

总的说来，同"前弘期"相比，藏传佛教"后弘期"的佛经译者更多地面临资助有限、同印度班智达合作缺乏的问题。不过，"后弘期"是藏地译经事业的高产期，仅 170 位译者就译出了约 3000 部佛典，其单人产出量要远高于"前弘期"（Tsepag, 2005: 53）。截止到 18 世纪，西藏对印度佛教典籍的译介渐趋完备，佛经翻译活动基本结束。正如瑞妮（Raine, 2010: 17）所言，正是得益于数个世纪以来译经师们漫长的西行求法、苦学冥思以及艰苦卓绝的翻译事业，才有了今天的藏传佛教。

3 藏地佛经译者的基本数据

通观现有的西藏佛经翻译史相关的文献，虽然对译史概况做了不少描述，但就各时期佛经译者的准确数量、译者的产出及背景信息等"翻译考古学"的基本问题仍未得到确切的回答（Raine, 2014）。2014 年，瑞妮于翻译研究期刊 *Meta* 发表《实践中的翻译考古学：藏传佛教翻译史研究》（*Translation Archaeology in Practice: Researching the History of Buddhist Translation*）一文，该文是一项持续十个月的档案调查成果报告，旨在探究以下两个方面的问题：（1）译者数量与译经数目；（2）译者的传记信息。为了更好地分析一手史料，瑞妮与其研究助理于印度达兰莎拉的"西藏文献史料馆"（The Library of Tibetan Works and Archives）检索了大量的史料并仔细记录了有关藏地佛经译者的信息。

瑞妮（Raine, 2014）认为，藏传佛教"前弘期"与"后弘期"究竟有多少译者参与佛经翻译是我们必须首先回答的问题。泽帕（Tsepag, 2005）是唯一发表过此类数据的学者，他引用了两项资料：一是由美国正法出版社（Dharma Publishing）于 1980 年编印的德格版西藏《大藏经》，其中列出的译者总数为870人，译出佛经5109部；第二项史料为1363年蔡巴司徒·贡噶多杰所著的著名西藏史料《红史》(Red Annals)，由此得出译者总数为721人，其中"前弘期"的译者数为551人，"后弘期"的译者人数则至少170人。据此，在泽帕出版的藏地佛经译者数据中，由德格版《大藏经》得出的译者总数与《红史》得出中的数据相差约150人。为了厘清现存史料中的译者数据差异以及西藏本土译师与延请入藏的印度班智达具体所占的比例，研究者重新统计了德格版西藏《大藏经》中列举的译者数量[①]，最终数据与泽帕的数据对比如下（参见表1）：

表1 泽帕（Tsepag, 2005）与瑞妮（Raine, 2014）藏地佛经译者数据对比

译者人数	泽帕（Tsepag）数据		瑞妮（Raine）数据	
	据德格版《大藏经》	据《红史》	本土译师	印度班智达
前弘期	《甘珠尔》部250人；《丹珠尔》部620人	551人	44人	371人
后弘期		170人	241人	
			51人（时期未知）	
总计	870人	721人	707人	

由表1可知，泽帕据《红史》得出的译者总数（721人）与瑞妮的数据（707人）非常接近，但泽帕统计的"前弘期"译者总数多达551人，而瑞妮的数据中这一时期的译者总数仅为44人（Tsepag, 2005; Raine, 2014）。鉴于此，瑞妮（Raine, 2014）重新确认了《红史》中的译者数据，得出"前弘期"译者总数为51人，"后弘期"译者总数为170人。由此，泽帕统计的"前弘期"译者总数551人应为讹误。此外，遗憾的是，由于西藏《大藏经》中近三分之一的经文未附有译者姓名，因此无法得出译者单人译经的数目。

瑞妮还搜集整理了藏地佛经译者的传记信息，据其统计，德格版《大藏经》中共记载了336位藏地译经师的姓名，并包括207位译师的传记信

---

① 最早的德格版西藏《大藏经》成书于1729年至1744年，由于印度达兰莎拉"西藏文献史料馆"未藏美国正法出版社（Dharma Publishing）1980年编印的德格版藏文《大藏经》，此处瑞妮（Raine）及其研究助理采用的《大藏经》版本为1934年版德格版藏文《大藏经》。

息，其中，27 位为"前弘期"译者，其余 180 位则活跃于"后弘期"（Raine，2014）。此外，最为"高产"的藏地译者为生于公元 8 世纪中叶的益西德（Yeshe De）译师，译出佛经总数多达 345 部。生于 14 世纪初的雅隆·扎巴坚赞（Yarlung Drakpa Gyaltsen）译师名列第二位，译出佛典 252 部。不过，整体来看，多数藏地译经师单人译经数较少，有一百位译经师一生只译出了 1—3 部佛典。

在上述 207 位译经师中，研究者还挑选了 43 位较为高产的译者作为研究对象，对其传记内容做了具体分析，发现译经师的宗教生活为传记最常出现的内容，而其翻译活动则处于次要的位置，即便有记载，也是寥寥几笔，多半是"译出经典数量繁多"或"精通梵文"之类的文字（Raine，2014: 290）。此外，研究者还希望找到藏地译者对翻译问题的反思或理论性论述，不过遗憾的是，在上述 43 位译经师的传记中，并未找到此类文字，即便诸如仁钦桑布、毗卢遮那（Vairochana）此类著名译师的传记，虽然已被译成英文在西方发行，但除了简单地罗列译出佛典的名称外，在其传记中鲜少看到有关翻译活动的论述（Raine，2014）。瑞妮（Raine，2014: 291）认为，较之汉传佛教翻译史蔚为大观的翻译传统，在同样历时近千年的藏传佛教翻译史中几乎没有找到译者的翻译反思记录，可能是由于以下两个方面的原因：（1）汉传佛教翻译史历来更受到国内外学者重视，因此对其研究更为深入全面；（2）西藏几经战乱波折，有无数经典论述、寺院庙宇遭到破坏，因此，今天研究者所能获取的史料多半是些只鳞片羽了。瑞妮（Raine, 2014: 293）认为，藏传佛教佛经翻译史研究中尚存的空白突显了开展跨学科研究与合作的必要性，研究者应摆脱本学科理论框架或研究方法的桎梏，采取跨学科研究的方法，以实现新的研究突破。

4 藏地佛经译者的译经规范

900 多年来，在藏地译者的共同努力下，译经师们不仅译出了经（*sutra*）、律（*vinaya*）、论（*abhidharma*）三藏经典，还翻译了大量密教典籍和论疏，逐渐形成了"藏文佛典"（Raine, 2011: 159）。藏文佛典成书于 14 世纪，分为《甘珠尔》（Kangyur）和《丹珠尔》（Tengyur）两大部。[①] 大致而言，"前弘期"的译者主要翻译了《甘珠尔》收录的大部分经藏，而"后弘期"的译者主要译出了《丹珠尔》收录的大部分佛经论疏及密教经典（参见表 2）。

表 2　藏传佛教"前弘期"与"后弘期"译者译经数据对比（Raine, 2011: 166）

项目	前弘期（617—839 年）		后弘期（950—1750 年）		合计
	译出佛典	译经数	译出佛典	译经数	
页数	《甘珠尔》56915 页	101993 页	《甘珠尔》13055 页	129801 页	231794 页
	《丹珠尔》45078 页		《丹珠尔》116746 页		
部数	《甘珠尔》629 部	1005 部	《甘珠尔》540 部	4257 部	5262 部
	《丹珠尔》376 部		《丹珠尔》3717 部		

在译者的译经规范方面，古代藏地译师需遵循两类规范：一是佛经术语的翻译，二是有关句式转换、语言规范、专有名词的翻译等基本原则（Raine, 2011: 167）。其实，早在藏传佛教翻译史的初期，就已对佛经术语的翻译有了严格规定，其集大成者为梵藏词典《翻译名义大集》的颁布。《翻译名义大集》由赤德松赞于 814 年敕令颁布，是西藏历史上第一部标准的梵藏对照双语词典，经数代藏地译经师共同编纂而成。该辞书的颁布很大程度上是由于在佛经翻译初期，藏地译者缺少标准的佛经术语，且译者翻译术语的通行做法是创制新词，而非使用由梵语而来的借词（Kapstein, 2003）。因此，《翻译名义大集》的问世很大程度上解决了藏地译者面临的术语难题，并且在此标准的指导下，前代译经中存在的讹误也得以逐渐修正（Snellgrove, 2004; Vitali, 1990）。

[①] 藏文佛典中《甘珠尔》主要包括经部（藏语：mDo）、律部（藏语：'Dul ba）、密教（藏语：rGyud）经典，每一部分又可分为不同的类别，例如经部可分为般若、华严、宝积、续部、本生等类别；《丹珠尔》也可分为经部和密教经典，不过其下分的类别更为繁多，同时也包含一些非宗教属性的作品（Tsepag, 2005: 59; Harrison, 1996: 83）。

《翻译名义大集》形成后，在其基础上于同年颁布了另一部更为完善的工具书——《语合二章》(*Madhyavyutpatti*)，包括序言、正文和跋三部分，正文为佛教的词语集，收有梵藏对照四百多个佛经词汇，而序言和跋则列举了一系列佛经译者需遵循的基本原则（Raine, 2010; 2011）。虽然两部辞书均促进了藏地佛经翻译的规范化，《语合二章》的重要价值还在于它为"译者制定了明确的翻译规范"（Raine, 2011: 167）。例如，《语合二章》的序言记录了一场于佛经译场温江朵宫举行的重要集会，赞普赤德松赞敕令开展译经术语的厘定和经录编撰，并提出了佛经翻译的基本原则和注意事项。例如，译经应符合声明学原则，且要遵循佛典经义，同时要使读者易于理解；此外，译语厘定后不能随意修改，新译词的制定要符合佛经、声明学的原则并呈报堪布和译师审核，由赞普降诏后方可使用等（Kaptsein, 2003）。上述原则是基于过往翻译实践经验的总结，具有很强的针对性和指导意义，同时也表明，这一时期，以赤德松赞为代表的吐蕃王室不仅支持佛经翻译，还亲自参与制定佛经翻译规范，为后世的佛经翻译实践提供了指导（Raine, 2010）。王室译规的颁布不仅"确保了最高翻译标准的执行"，还促进了民间译经活动的活力（Snellgrove, 2004）。

总的说来，藏传佛教"前弘期"产生了一批重要的以《语合二章》为代表的译经规范。然而，与"前弘期"相比，虽然"后弘期"的译经总数是前者的四倍之多，却几乎没有产生可与之媲美的著作。"后弘期"的译者在多大程度上遵循了前代制定的译经规范仍是个有争议的问题（Raine, 2011）。一方面，部分"后弘期"的译者确实参考了前代制定的翻译原则，如藏传佛教学者布顿·仁钦珠（Buton Rincpoche, 1290—1364）与学生夏鲁译师（Shalu Lotsawa, 1441—1527）在译经和藏文佛典编纂的过程中就大量参考了《翻译名义大集》《语合二章》等翻译辞书（Schaeffer, 2009: 101）。

不过，藏传佛教"前弘期"与"后弘期"译者的翻译水准并非始终如一。哈恩（Hahn, 2007: 143）认为，"藏传佛教后期产出翻译的质量同前代有明显的不同，后期的译经风格更为机械，《语合二章》制定的那些明智的准则似乎被完全忽视了。"例如，萨迦班智达（Sakya Pandita, 1182—1251）在其《智者入门》(*The Gateway of Learning*)一书中就表达了对翻译质量不尽如人意的担忧，比如，佛经术语翻译不统一、译者过度阐释、理解错误，以及对古印度的社会文化背景知之甚少等问题（Gold, 2005; 2008）。

5 结语

通过对藏传佛教翻译史译者资料的整理分析，本文梳理了藏地佛经译者的组织形式、基本数据与译经规范。总的说来，藏传佛教"前弘期"的佛经译者以王室统一组织资助为主，而"后弘期"译者的组织形式则相对零散，译者得到的支持十分有限；译者数据方面，藏史中有记载的译者总数为707人，西藏本土译师336人，延请入藏的印度班智达371人，不过，在译者的传记中，对翻译活动的记录十分有限；此外，"前弘期"还产生了《翻译名义大集》《语合二章》等珍贵的翻译辞书与准则，对后世的翻译活动极具指导意义。

对藏传佛教翻译史的回溯分析还可为当下藏文佛典的译介带来启示。正如皮姆（Pym, 1998: 16）所言，翻译史研究的真正价值在于其"延续性"。2008年，美国科罗拉多州博尔德市（Boulder）召开了藏传佛教翻译研讨会，会议一大成果是成立了藏传佛教译者协会及线上译者论坛（Lotsawa Forum）（Khyentse, 2009）。次年三月，另一场翻译研讨会于印度召开，主要讨论藏文佛典译介的先后顺序，会议决定《甘珠尔》部收录的佛经为基金会资助译介的主要对象，并由此推出了"84000佛典传译计划"（84000: Translating the Words of the Buddha），旨在将藏文佛典以当代语言译出，项目初期主要译入语为英语。在藏文佛典少人问津的背景之下，藏文佛典——作为研究印度佛教的"宝库"，因收录了大量梵文佛典中早已佚失的文本，其重要价值日益突显。由此，这项翻译计划的推出具有重要的意义。

据笔者访问"84000佛典传译计划"官方网站获取的数据[①]，截至2021年1月，《甘珠尔》收录的佛典已译出125部，仅占总数的12%，而《丹珠尔》

---

① "84000佛典传译计划"的官方网址如下：https://read.84000.co/about/progress.html。

部译出不足五分之一。此外，2011年，该计划发布了"84000编译政策"（84000 Editorial Policy），旨在为推进藏文佛典的传译建立指导框架。该政策与《语合二章》有异曲同工之妙，二者均对佛典术语的翻译、专有名词的处理等问题做了规定（Raine, 2011: 181）。总的说来，当代藏文佛典的译介在诸多方面取得了卓有成效的进展。然而，当代藏文佛典的翻译同样面临资金缺乏、译才储备不足的困境（Raine, 2011: 181）。如果延循皮姆所说的"历史关照当下"的思路，古代藏地佛经翻译史也许可为当下藏文佛典的译介带来以下几点启示（Raine, 2011: 182-183）：

（一）译者的组织。古代藏地译经师由王室统筹资助，与之对比，当代藏文佛典的译介似乎更为零散、不成体系，那么，如何更高效地统筹当代译者的工作并提供更多资助？

（二）译者间的合作。藏传佛教"前弘期"译出的佛典之所以更加准确严密，一个重要的原因在于西藏当地译经师与印度班智达的密切合作，而到了佛经翻译后期，随着入藏班智达人数的减少，译经师们译出的佛典质量则很难同前代媲美了。由此，如何促进当代译者间的合作，互鉴所长，以提高佛经翻译的质量与效果？

（三）翻译规范的制定。藏传佛教翻译史为我们留下了《翻译名义大集》《语合二章》等珍贵的翻译辞书与准则，而现如今，时俗有易，当代佛典译者又如何借鉴古人的智慧以促进佛经术语翻译的标准化？

这些问题都有待继续思考探究。总的来说，我们对藏传佛教翻译史这一历史悠久、内容繁复的翻译传统仍然知之甚少，很多问题有待解答（Raine，2011: 176）。本文希望，通过对藏传佛教翻译史的评述梳理，可引发学者对这一课题的更多关注与思考。

【参考文献】

Cabezon, J. & Jackson, R. *Tibetan Literature: Studies in Genre* [G]. Ithaca: Snow Lion, 1996.

Das, S. *Indian Pandits in the Land of Snow* [M]. New Delhi: Rupa, 2006.

Davidson, R. *Tibetan Renaissance: Tantric Buddhism in the Rebirth of Tibetan Culture* [M]. New York: Columbia University, 2005.

Gold, J. Guardian of the translated Dharma: Sakya Pandita on the role of the Tibetan scholar [A]. L. Long (eds.). *Translation and Religion: Holy Untranslatable?* Clevedon: Multilingual Matters. 2005; 115-128.

Gold, J. *The Dharma's Gatekeepers: Sakya Pandita on Buddhist Scholarship in Tibet* [M]. Albany: State University of New York Press, 2008.

Hahn, M. Striving for perfection: On the various ways of translating Sanskrit into Tibetan [J]. *Pacific World Journal*, 2007 (3:9): 123-149.

Harrison, P. A brief history of the Tibetan *bK gyur* [A]. J. I. Cabezon & R. R. Jackson (eds.). *Tibetan Literature: Studies in Genre*. Ithaca: Snow Lion Publications. 1996: 70-94.

Kapstein, M. T. The Indian literary identity in Tibet [A]. S. Pollock (eds.). *Literary Cultures in History: Reconstructions from South Asia*. Berkeley: University of California Press. 2003: 747-802.

Khyentse Foundation. Translating the words of the Buddha [A]. A. Trisoglio (eds.). *Buddhist Literary Heritage Project Conference Proceedings for 2009, India* [R/OL]. http://khyentsefoundation.org/pdf/Translation Conference.pdf, 2009, 2014-07.

Pym, A. *Method in Translation History* [M]. Manchester: St. Jerome, 1998.

Raine, R. The Translator in Tibetan history: Identity and influence [J]. *FORUM*, 2010 (8:2): 133-161.

Raine. R. Translating the Tibetan Buddhist canon: Past strategies, future prospects [J]. *FORUM*, 2011 (9:2): 157-186.

Raine. R. "Translation archaeology" in practice: Researching the history of Buddhist translation in Tibet [J]. *Meta: journal des traducteurs*, 2014 (59:2): 278-296.

Schaeffer, K. R. *The Culture of the Book in Tibet* [M]. New York: Columbia University Press, 2009.

Shastri, L. Activities of Indian Panditas in Tibet from the 14th to the 17th century

[A]. H. Blezer (eds.). *Tibet: Past and Present*. Boston: Brill. 2002: 19.

Skilling, P. Fragile Palm Leaves Foundation , Transcript [A]. A. Trisoglio (eds.). *Buddhist Literary Heritage Project Conference Proceedings for, India* [R/OL]. http://khyentsefoundation.org/pdf/Translation Conference.pdf, 2009, 2014-07.

Snellgrove, D. *Indo-Tibetan Buddhism: Indian Buddhists and Their Tibetan Successors* [M]. Bangkok: Orchid, 2004.

Tsepag, N. Traditional cataloging & classification of Tibetan literature [J]. *Tibet Journal*, 2005 (30:2): 51-62.

Tsepak, R. Rinchen Zangpo: The great Tibetan translator [J]. *Tibet Journal*, 1984 IX (03): 28-37.

Verhagen, P. *A History of Sanskrit Grammatical Literature in Tibet* [M]. Leiden: E. J. Brill, 1994.

Vitali, R. *Early Temples of Central Tibet* [M]. London: Serinda, 1990.

"去西方中心主义"与全球翻译传统研究对翻译概念的描述

——《世界翻译地图研究》述评

卫盈君　马会娟

1　引言

近几年来，欧洲中心主义是翻译学界探讨的焦点之一。2009 年，在比利时召开的名为"通过翻译建构翻译学：多个'大陆'研究视角对比"("The Construction of Translation Studies through Translation: Contrasting Various 'Continental' Perspectives")的学术会议上，学界对欧洲中心主义概念进行了系统性探讨。

关于"欧洲中心主义"的定义，学者们持有不同观点。根茨勒（Gentzler, 2012）基于美洲语境，指出狭义的欧洲中心主义区别于美洲，是基于欧洲大陆的翻译传统、理论和研究范式。多尔斯勒（Doorslaer, 2013）则认为欧洲中心主义是指源自欧洲，在世界其他地区广泛传播并占据主导地位的翻译理论、实践和研究范式。瓦尔迪昂（Valdeón, 2013）反对过度概括化的"欧洲"和"欧洲中心主义"概念，强调欧洲内部的语言、文化和民族身份的多样性。

为推动翻译研究的"去欧洲中心化"，西方学者提出了多种研究范式。铁木志科（Tymoczko, 2009）认为翻译研究需要将翻译活动放置在本土语境下考察,与西方当代翻译思想展开平等的交流对话。根茨勒(Gentzler, 2013)则强调要结合"欧洲和非欧洲研究方法,摆脱以地理国家为基准的翻译定义划分"。罗宾逊(Robinson, 2016)认为用其他大陆范式取代欧洲中心范式的研究路径并不可取,倡导推动翻译学的国际转向(international turn)。

尽管学者们提出了各种"去中心化"的设想,但是迄今为止,尚未有研究真正构建起全球翻译图景。在这一背景下,2019 年约翰·本杰明出版社(John Benjamins)出版的《世界翻译地图集》(*The World Atlas of Translation*)完成了"去中心化"的第一次尝试。该书聚焦当前学界普遍忽视的语言文化族群,梳理了不同语言和文化传统的翻译历史,尝试以归纳的、自下而上的方式从不同翻译传统中抽离出一种"可适用的"(workable)、"跨文化的"(trans-cultural)、"概括性的"(general)翻译概念以重新定义"翻译"。该书由世界知名学者图尔库大学的伊夫·甘比尔(Yves Gambier)教授和欧洲委员会的乌瓦尔多·史蒂科尼(Ubaldo Stecconi)教授担任主编,涵盖了 21 篇研究报告。报告分别观察了 21 个国家/语系/文化族群的翻译传统,凸显了翻译概念的多样性,修正了欧洲中心主义的狭隘视角。下面我们首先分章概述该书的主要内容,然后对该书进行评价,最后总结该研究成果对中国翻译学研究的启示。

2 内容简介

该书共有 21 个章节,每章为某个国家、地区、文化或语言族群的翻译研究报告,分别聚焦大洋洲太平洋岛屿、澳大利亚、日本、中国、泰国、印度、波斯、阿拉伯、希伯来、土耳其、南非、安哥拉、俄罗斯、斯拉夫、希腊语区、拉丁和罗曼语区、德国、拉丁美洲、巴西、中亚和墨西哥、北美。所有报告都试图回答"翻译概念如何在各自翻译传统中演变"这一核心问题,同时每篇报告又沿着适用于本翻译传统的独特方法论和研究路径展开,关注点和写作框架不尽相同。因此,本文将主要沿着"翻译概念"这一主线介绍各章节,并简要突出各个翻译传统中盛行的翻译思想或多样的翻译实践。

2.1　大洋洲——波利尼西亚三角岛屿和澳大利亚

在波利尼西亚、美达尼西亚和密克罗尼西亚语言族群内部,殖民时期的翻译具有两种功能:推动建立书写系统、传播基督教。在欧洲传教士到来之前,南太平洋诸岛的族群多盛行口语文化。随着传教士的涌入,宗教翻译活动日渐盛行。为了翻译《圣经》,传教士编写了双语词汇表,奠定了该族群语言书写系统的基础。殖民后期,殖民者开始推行语言同化政策,翻译活动因而大幅减少。随后,在殖民地人民争取民族独立时期,当地岛民掌握了教会职权,西方传教士和宗教协会影响力被削弱,圣经翻译热度有所下降。

在澳大利亚,翻译传统的独特之处体现在翻译与移民之间的紧密关系上。1940年末,澳大利亚当局出台翻译政策以应对大量移民的涌入,翻译因而成为一种短期的、带有过渡性质的社会福利。作为新移民融入主流语言文化的工具,翻译仅仅被视作一种为"他者"提供的服务,不被澳洲主流文化认可。

2.2　亚洲

日语传统上一直受中文影响,其与中文之间多样的联系丰富了"翻译"的定义。例如,汉文训读(kanbun kundoku)可以被视为一种调换中文文言文语序,加入日文发音、助词与音调的"语内翻译"。直到18世纪,中文与日文成为两种独立语言之后,语内和语际翻译才得以区分。随着欧洲传教士和商人涌入日本,欧洲语言的地位超越了中文,欧洲宗教翻译传统所追求的对等、直译等翻译理念开始深刻影响日本翻译传统。

在中国,翻译主要有三种功能:文化输出、语言服务、民族团结。当下,翻译是推动中国文化走出去的重要语言工具。外宣翻译、国际会议期间的翻译服务协助中国在国际舞台上发声,提高中国国际影响力。翻译还是汉语和少数民族语言之间的桥梁,民族语翻译增强了少数民族的民族身份认同。

在泰国，翻译是构建民族身份的工具，也是抵抗"他者"的防御机制。泰国积极借鉴周边亚洲国家的文化并在此过程中构建了自我身份。长期以来，泰国翻译并改编中国和印度文学，将其"挪用"至泰国正统文学体系之中。在西方殖民期间，泰国被迫引入西方文学。相较于直接挪用亚洲其他文明的成果以促进文明交流与融合，忠实翻译成了泰国翻译传统的主流。这一变化表明泰国十分警惕西方文化渗入本土文学，以强调忠实的翻译策略抵御文化入侵。

印度翻译传统与殖民权力斗争密切相关。前殖民时期，民族语翻译确保了各印度族群的语言得以共存。殖民时期，"原作高于译作"等东方主义意味浓厚的翻译概念传入印度。后殖民时期，翻译成了建设民族国家的工具。当前印度国家翻译机构（National Translation Mission）致力于推动印度各语言内部的语际直译，减少从英文的转译，保护本国的民族语言与文化。

波斯翻译传统一直受到文化政治的影响。19世纪，由于政治、科技、文化落后于欧洲，波斯盲目模仿欧洲主流翻译传统——直译。与此相反，从波斯译入欧洲的作品则以意译为主，作品内容也常被删减以迎合欧洲目标读者。在现当代背景下，该地区翻译传统仍然摆脱不了文化政治的操控。2009年伊朗选举动乱之后，政府出台了严格的翻译审核体系。为规避政治风险，译者选材更为谨慎，多采用简化、删减等翻译策略。

在阿拉伯地区，翻译经历了四次转变：巩固统治的政治工具、丰富本土文化的有效手段、科学的独立学科、反极权的政治性叙事。5世纪，阿拉伯帝国在扩张过程中翻译了大量的天文学、神学等书籍以推动神学和占星术发展，巩固统治。在此期间，帝国还翻译数学和科学书籍，例如《几何原本》，以丰富本国文化，探索科学的世界观。8世纪，叙利亚学堂式翻译方法，即合作翻译，被引入阿拉伯地区，推动了阿拉伯翻译机构——侯奈因学院（School of Hunayn）的建立。此后，译员训练开始逐渐体系化，翻译活动机构化，翻译因而成为一门科学的独立学科。到20世纪，阿拉伯地区开始了去殖民化、民族独立的进程。在阿拉伯之春和埃及革命中，翻译超越了文本转换，成为反压迫、反极权的叙事工具。

希伯来翻译活动主要分为宗教翻译和世俗翻译。在翻译《圣经》的过程中，口译员将《旧约》从希伯来语译成白话文，确保缺乏文化教育的当地居民能够理解。然而，口译员的译文地位颇低，被视为没有宗教价值的评论性文本。到中世纪，随着数学、天文等书籍译入，希伯来文化收获了新的哲学和科学表达。以色列建国之后，出版社大量引进翻译文学以充实本国文化。因而，翻译被视为一种创意写作，地位有所提高。

土耳其翻译传统中有多种形容"翻译"的词汇。这些词汇的内涵反映出土耳其文化在不同时期对"翻译"的定义与认知。土耳其翻译历史可以追溯至8世纪时期东突厥地区的古突厥语文学翻译，特别是古维吾尔语文学翻译。维吾尔人翻译梵语、吐火罗语、中文和藏文文学以丰富本民族文化。此时，翻译被视为是"yaratmak"（创作，改编）。在西突厥地区，翻译则是"döndermek"（转化）、"tasnif"（重新安排）、"şerh"（评论）、"Türkî'ye getürmek"（带入土耳其）和"Türkice şerh eylemek"（用土耳其语进行评价）等。到了19世纪，土耳其开始引入欧洲文学以丰富本土文学题材、创新叙事结构。因此，翻译被视为一种模仿、效仿（imitation, emulation）。

2.3 非洲

在南非，翻译既巩固又瓦解了殖民统治。殖民时期，翻译用于促进商业贸易，巩固殖民权力。种族隔离时期，南非作家利用文学作品表达不满，并将作品翻译成数种欧洲语言向南非政府施压，翻译成了反抗政府和文化压迫的有力工具。因此，翻译推动南非成功转型为现代民主社会。

在被葡萄牙殖民时期的安哥拉，翻译是打压当地语言、推动语言殖民的工具。由于葡萄牙殖民者仅用葡萄牙语颁布官方文件，因此口译员需要用通俗的语言翻译给当地人以确保上传下达。在安哥拉翻译传统中，口译和笔译是完全分离的两种系统。前者以意译为主，以通顺为原则；后者则以直译为主，译者常忽略文章整体语境或词法、句法结构。

2.4 欧洲

俄罗斯有着悠久的翻译传统。然而在不同时期，翻译的作用并不相同：在旧罗斯至 18 世纪初期，口译推动了俄罗斯与欧洲和亚洲的外交活动；18 世纪，随着西方世俗作品的译入，翻译推动了俄国现代化进程；19 世纪中期，随着俄罗斯文学开始译入西欧语言，俄罗斯学界出现了两种对立传统：语言学传统（the philological tradition）、激进主义（the progressive-radical tradition）。语言学传统更关注语言转化，而激进主义派则认为翻译应体现俄国当代社会特点。在苏联时期，翻译极大地推动了国际共产主义在世界范围内的传播。

斯拉夫翻译传统缘起于基督教传播。9 世纪的宗教翻译活动推动了基督教在该地区的传播，也为斯拉夫语书写系统的建立奠定了基础，促进了现代标准化语言和斯拉夫民族文学的逐步发展。18—19 世纪，斯拉夫翻译传统反映出其意识形态需求——建立标准的国家语言、文学和民族身份。当时，翻译主要有两个目的：其一是发展本民族语言、文学，增强民族身份认同；其二是教育人民。

在希腊语传统中，语际翻译反超语内翻译成为翻译主流。这反映了自我与他者之间关系的变化——从自我身份认同到开放的文化交流。在古希腊时期，语内翻译是主流，翻译等同于解释，其目的是复兴古典文学。16 至 19 世纪，翻译是发展希腊语言文化的工具，跨文化文学翻译成为这一时期的主流。20 世纪早期，翻译被认为是振兴文学、推动标准希腊语通俗用法的工具。

在拉丁和罗马传统中，由于翻译与阅读（reading）、写作（writing）、学习（learning）、复制（copying）之间的界限并不明晰，因此，翻译是"aemulari, convertere, effingere"（再创造）、"reddere"（重复）、"mutare, ponere"（展示）……公元前 3 世纪，随着罗马入侵希腊，希腊文明与知识传统通过翻译传入罗马。此时，翻译被认为是一种解读，与阅读、写作之间没有明显的界限。中世纪，翻译被认为是理解和解释原文的工具。14、15 世纪，欧洲浪漫主义兴起，颠覆了二元翻译认知——翻译是对原作的解释性研究，应当呈现原文诗意。

在德语区，翻译等同于原作、模仿、改写和解经。加洛琳文艺复兴时期，德语是翻译、注释拉丁语《圣经》的通俗化语言。11世纪之后，欧洲各种通俗语言崛起，语言文化边界日益明晰。因此，翻译的概念与国家化有关。例如，在冰岛，"þýða"（翻译）的词根"þjóð"指代人民、国家。宗教改革时期，翻译是一种新的解经方式。就世俗文本翻译而言，模仿、改写以及"没有原文的翻译"是浪漫主义时期的主流翻译传统。

2.5　美洲

拉丁美洲翻译传统的发展与其政治进程息息相关。殖民时期的拉丁美洲，翻译加强了殖民者的殖民统治。在殖民地人民反抗时期，拉美政治精英通过翻译引入了《独立宣言》和宪法等政治文本，推动了南美洲独立和政治改革。在追求国家独立的进程中，西班牙裔拉美人借鉴了大量英文和法语政治译本，撰写了本土《独立宣言》和宪法。在共和国成立之后，翻译的主要目的为教育新公民、普及民主价值观。此时，翻译策略主要有两种：挪用、改编欧洲与美国亲独立派的政治观点和文本；删减与南美政治宗教理念相斥的内容。

在巴西，翻译存在四种范式。16世纪中期，随着宗教翻译的盛行，第一种范式出现：翻译即减少（translation-reduction）。由于原住民文化中缺乏基督教象征，因此"上帝"等宗教关键概念的翻译多采用意译。17世纪，第二种翻译范式兴起：翻译即挪用（translation-appropriation）。此时，法国和荷兰入侵巴西，葡萄牙殖民者为加强防御，翻译了大量意大利军事书籍。18世纪，启蒙思想译入巴西，巴西人民开始反抗葡萄牙政权，促成了第三种翻译范式——翻译即革命（translation-revolution）的出现。20世纪，随着翻译学科化、职业化，出版行业也逐渐崛起，翻译类型更为丰富多样，因而翻译的第四种范式——翻译即包容（translation-inclusion）成为这一时期的主流。

在中美洲，翻译塑造了独立斗争时期的政治概念和政治话语。例如，美国《独立宣言》的译入推动了各国的民族独立进程。与此同时，司法部等国家机构推行的语言同化政策使得翻译成为强迫原住民融入主流文化的政治工具。19世纪到20世纪，中美洲学者推出"文学城市"项目（"lettered city" project），文学翻译成为主流，翻译因此成为一种文学实验。

在北美洲，翻译是建立并巩固帝国主义殖民霸权的政治工具。在物质层面和领土层面，"翻译"等同于"让渡"，即印第安人的土地、资源和财产"合法"让渡于美国政府。在象征层面，英语作为官方语言逐渐代替原住民的语言成为表意工具，代表着区别于原住民的、更高层次的主流文化和社会规范。

3 世界翻译地图研究的特点及其对中国翻译学研究的启示

基于以上21篇报告，该书的编者得出以下结论：可适用的、概括性的、跨文化的翻译定义并不存在。原因有二：首先，数据收集不全面，各国各地区未曾被保留的翻译活动无法得以记录。其次，各报告的研究对象和侧重点各不相同，每篇报告的方法论、研究路径和写作风格也十分多样。例如，俄罗斯报告关注经济层面；巴西报告从殖民历史的角度进行分析；太平洋报告则沿着语言学路径进行研究。因此，该书难以从中抽离出概括性较强的翻译定义。

另一方面，虽然不同调研报告中提及的翻译概念十分分散，差别很大，但其中仍存在一些共性：首先，翻译在文化、政治和历史进程中扮演着重要角色。它曾巩固、加强殖民统治和宗教传播；也曾有效抵抗殖民统治，增强自我身份认同；还推动了现代化进程。其次，关于翻译策略和方法的讨论贯穿所有报告，特别是直译和意译之争。由此可见，这一二元对立是翻译研究中长期存在的理论争议点和实践问题。除去上述的共性之外，当前被西方中心主义边缘化的文化纷纷贡献了令人耳目一新的翻译新解，对突破欧洲中心主义视角起到了重要作用。例如，印度翻译传统中区别于主流的"翻译"新定义——翻译是文本内部的自我生成，而非文本间的转换。当然，该书也有其不足之处，主要体现在两个方面：其一，部分研究对象缺失，特别是各翻译传统中未被记录的口译和笔译历史。即使多数笔译传统得以被记录和研究,研究者的个人视角也难免存在偏见。其二,批判缺乏集中度。纵观全书,各报告对该书主要批判对象——"欧洲中心主义"和"西方翻译思想"的理解、定义和阐释各不相同,而编者在结语部分也对"欧洲""西方"等概念的界定十分模糊和零散,并未对难以界定的核心术语加以细化,仅用概括性过强的语言总结道:"东方和西方的翻译传统十分不同"。

根据以上分析,我们可以得出,世界翻译地图研究呈现出以下三个特点:

(一)翻译史研究遵循非线性路径,突出翻译活动异质性。相比起传统的翻译史研究,本研究呈现了更为真实和复杂的全球翻译图景。当前翻译史研究最大的局限性之一在于,多数翻译史都是以民族国家为界限对翻译活动进行地理划分(Pym, 1992)。Pym(1992)曾强调,翻译历史研究应当关注翻译活动本身的发展,而不是依照僵硬的地理和时间概念强行分割翻译活动:在空间层面,翻译研究应摆脱基于国家政治政权的地理划分;在时间层面,研究者应避免过度依照线性时间观划分翻译活动。《世界翻译地图集》突破了上述局限,灵活划分了21种翻译传统,其中部分传统依照主权国家加以界定,部分则依照语言文化族群划分。该书以翻译活动为中心,围绕其自然而然的发展路径描述翻译传统,突破地理与时间限制,凸显了翻译活动的异质性。这种异质性还延续至每一传统内部。Foz(2006)曾指出,研究者若只关注最主流的翻译概念和翻译范式,并将其一概而论为"东方"或"西方"翻译思想,则容易忽略不同文化、语族、地区和国家内部翻译活动的不确定性、翻译概念和思想的变化。该书中各个翻译传统内部多样的翻译活动丰富了翻译定义和翻译策略,有力地批驳了粗略的东西二元划分。

该书的研究报告都是以"翻译概念"为中心而展开的历史追踪。该书指出,由于历史的杂合性及其发展路径的复杂性,研究者"应该描述翻译和历史之间的动态关系(dynamic dialogue between translation and history),而非创作线性的翻译历史叙事(creating a linear narrative)"(Gambier & Stecconi, 2019: 461)。因此,该书将翻译研究放置在"翻译与殖民""翻译与民族和国家身份建构""翻译与现代化"等特殊历史语境下,深入观察并分析了翻译活动、翻译思想、翻译策略与历史进程的相互影响。例如，在泰国报告中，研究者并未沿着十分规整的路径对泰国某一时期的某种主流翻译题材加以记录，而是突出了每个时期多样的翻译活动、翻译题材和翻译策略与泰国历史进程之间的互动。研究者指出，在18、19世纪的泰国，佛经翻译和文学翻译并行，译者则依照题材或者统治者的需求对翻译策略进行调整。

就翻译概念和翻译策略而言，尽管有关直译和意译的争议贯穿始终，但每个传统内部都包含多元的翻译概念和与之匹配的多样翻译策略。翻译被认为是复制、挪用、模仿、阅读、创作、文学实验等。在这些翻译概念与思想的指导下，译者纷纷采用直译、意译、音译等翻译策略以应对不同题材、满足不同利益主体的需求或达到相应的翻译目的。在同一翻译传统内部，翻译策略的演变并未落入严格意义上的"直译/意译"二元框架之中，而是受多种因素影响不断调整的过程。翻译概念与策略的多样性与多变性是翻译异质性的重要体现，有效反驳了生硬的、规整的线性翻译史研究。

（二）关注边缘文化翻译传统，修正欧洲中心主义视角。欧洲中心主义长期被视为翻译学研究的主流研究视角。近些年来，西方翻译学界开始反思这一研究视角的局限性，关注当前边缘文化传统中的翻译活动和思想。该书对去欧洲中心的贡献主要体现在研究对象和方法论两个层面：就研究对象而言，该书21篇报告中，来自欧美地区的研究仅6篇，其余报告的研究对象多是被译学界所忽视的国家、地区和语言文化族群，例如太平洋岛国、南非、波斯语区、希伯来语区、泰国、印度等；就方法论而言，该书并未严格规定每个调研报告所需采用的方法论和研究路径，而是通过归纳法试图从各个报告研究的翻译传统中抽离出普遍适用的翻译概念。这一研究方法给予研究者极大的自由，使他们可以根据各传统的特性对其进行本土化研究，而不是向非欧洲传统强加单一的、主流的欧洲中心主义研究框架。

该书的去欧洲中心主义研究还推翻了一些根深蒂固的欧洲中心主义假设。例如，各传统的翻译概念并非十分分散，反而存在很多共性（Gambier & Stecconi, 2019: 468）。去欧洲中心主义还突破了传统欧洲中心主义框架下概括性过强的东西二元观,深入揭示了每个传统内部翻译概念的多样性。

(三)推动翻译研究的"去中心化",寻求平等跨文明对话。Doorslaer & Flynn(2013)认为,批判欧洲中心主义时应避免将翻译研究从基于国家划分的语言学研究范式[old nationalist(linguistic)categories]转移为基于大陆划分的研究范式("continent-based paradigm" "continentalization of discourse"),如美洲翻译学、非洲翻译学、亚洲翻译学等。两位学者指出,过度概括化可能会导致学界忽视各大陆内部的复杂性和矛盾性。Doorslaer & Flynn(2013)认为翻译学研究应关注翻译概念、翻译理论背后各地区、文化、学者之间的交流对话,而不是进行欧洲/非欧洲、主导/抵抗等僵化的二元划分。Robinson(2016)提出了"去中心化"的跨文明("intercivilization")研究路径。沿着"去中心化"的路径,该书选取的研究对象覆盖了各个大陆,相较于过去的仅仅聚焦于单一大陆的翻译研究更为全面。更重要的是,在消解欧洲中心之后,该书并无意构建分散的、基于各大陆的翻译研究中心,而是通过自下而上的研究路径试图抽离出各传统的共性,搭建起"去中心化"的翻译研究网络,争取实现真正意义上的平等对话。

他山之石,可以攻玉。《世界翻译地图集》这本书最大的突破在于其方法论的创新和研究对象的扩大。中国地缘辽阔,有56个民族,每个民族都有自己的语言和独特文化。但是,回顾中国主流翻译历史研究,多数研究的研究对象都是汉语与其他语言之间的语际翻译,而且主流研究路径多数仍基于普遍的线性历史分期,例如,"世纪+主流翻译题材"(6世纪佛经翻译,19世纪科技文本翻译)。历史进程中的翻译概念流变也多是沿着上述路径进行的梳理,从清末严复的"信达雅"到当代傅雷的"神似"等。由此看来,中国学界应该更加关注中国翻译传统内部多样性,深入研究汉语与少数民族语言以及各地方言之间的翻译活动,以便更为全面地展示中华文化悠久历史进程中翻译活动的多样性。中国译学界也应试图摆脱静态僵硬的历史分期,揭示翻译和历史、文化和社会之间的动态互动。

【参考文献】

Doorslaer, L.V. (More than) American prisms on Eurocentrisms [A]. L. V. Doorslaer & P. Flynn. *Eurocentrism in translation studies* [C]. Amsterdam / Philadelphia: John Benjamins Publishing Company, 2013. 113-121.

Doorslaer, L.V., & Flynn, P. On constructing continental views on translation studies: An introduction [A]. In L. V. Doorslaer, & P. Flynn. *Eurocentrism in translation studies* [C]. Amsterdam / Philadelphia: John Benjamins Publishing Company, 2013. 1-9.

Foz, C. Translation, history and the translation scholar [A]. In G. L. Bastin. & P. F. Bandia. *Charting the future of translation history* [C]. Ottawa: University of Ottawa Press, 2006. 131-144.

Gambier, Y., & Stecconi, U. *A world atlas of translation* [C]. Amsterdam / Philadelphia: John Benjamins Publishing Company, 2019.

Gentzler, E. Macro-and micro-turns in translation studies [A]. L. V. Doorslaer & P. Flynn. *Eurocentrism in translation studies* [C]. Amsterdam / Philadelphia: John Benjamins Publishing Company, 2013. 9-28.

Gentzler, E. *Translation and identity in the Americas: New directions in translation theory* [M]. New York & London: Routledge, 2012.

Pym, A. Shortcomings in the historiography of translation [J]. *Babel,* 1992, (4): 221-235.

Robinson, D. Towards an Intercivilizational Turn: Naoki Sakai's cofigurative regimes of translation and the problem of Eurocentrism [J]. *Translation Studies*, 2016, (1): 51-66.

Tymoczko, M. Why translators should want to internationalize translation studies [J]. *The Translator*, 2009, (2): 401-421.

Valdeón, A. R. On fictional turns, fictionalizing twists and the invention of the Americas [A]. L. V. Doorslaer & P. Flynn. *Eurocentrism in translation studies* [C]. Amsterdam / Philadelphia: John Benjamins Publishing Company, 2013. 78-95.

当代日本翻译研究面面观

——《当代日本各种翻译社区》述评

叶秀娟

1 引言

翻译界研究一直是以欧美为重镇，欧美以外的国家翻译和翻译研究呈现怎样的态势，我们大多了解不深。在一带一路的背景下，我们不能一味埋头研究如何做好翻译、如何传播好自己的文化，而是应该抬头看看其他国家是怎样翻译、怎样传播文化的。2015年劳特里奇出版社（Routledge）出版的《当代日本各种翻译社区》（*Multiple Translation Communities in Contemporary Japan*）就为我们打开了一扇了解邻国日本翻译和翻译研究的窗口。该书由日本国际基督教大学的贝弗莉·柯伦（Beverley Curran）、英国伦敦大学的佐藤-罗斯伯格·奈奈（Nana Sato-Rossberg）和日本神户大学的田辺希久子（Kikuko Tanabe）合编，共收录十篇英语论文。这十篇论文从不同的角度呈现当代日本文化和语言的多样性，凸显翻译的多样性和普遍性，强调理解翻译的多元途径。本文首先概述该书的主要内容，然后评述该书特点。

2 内容简介

全书共收录了来自不同研究领域的十篇论文，大致可以分为三大部分：漫画、电影和戏剧翻译；性别、同性恋社区和翻译；文学翻译。各部分之间相互交叉渗透，编者也承认很难严格地划分清楚。为叙述方便，本文仍延续编者最初的思路，按三大部分介绍。

2.1 第一部分：漫画、电影和戏剧翻译

第一部分的第一篇文章是"死亡笔记：多语漫画和多维度"（Curran et al, 2015: 1-18），作者贝弗莉·柯伦（该书编者之一）以漫画《死亡笔记》（*Death Note*）为个案，通过探讨漫画的双语建构、英语翻译、动画和真人电影的改编，揭示多语漫画的语内翻译、语际翻译、符际翻译的特点。个案分析发现：日语复杂的书写体系、日英混用的日常语言使用习惯造成了语内翻译的普遍性；日英双语的混用使得英译更加复杂，译者通过直接音译部分核心词、特意保留漫画上一些本应去除的日语、添加注释普及日本文化知识等策略，保留了日本漫画的文化特质性，使得英语读者在阅读过程产生作为"日本漫画行家"的快感；从漫画到动漫再到真人电影的改编中，动漫版将英日语言游戏翻译成了视觉氛围和听觉氛围，电影版巧妙地运用了混合媒体的翻译。作者希望借此研究引发学界进一步关注多维媒体、多语文本的翻译问题，从理论上和实践上认识语内翻译、语际翻译、符际翻译如何同时进行。

符际翻译延伸了翻译学的研究空间。第一部分的后两篇文章探讨的是以电影改编为代表的符际翻译。《文学和戏剧的电影融入：新藤兼人的〈黑猫〉》（同上：19–41）一文中，作者考察叙述方式是如何从一个文类翻译到另一个文类，从一种媒体翻译到另一种媒体。文章以导演新藤兼人的电影《黑猫》为案例，首先揭示电影背后的文学故事在文学历史的演变及其在电影翻译时发生的空间、文化和风格的改变，其次考察电影如何融合传统和现代戏剧形式，使古老的故事得到新的延续。该文的意义在于通过《黑

猫》的讨论，吸引学界关注不同艺术形式之间的联系性和兼容性。

《翻译〈卡姆依外传〉：从漫画到真人电影的文类间翻译》（同上：42—59）考察的是 20 世纪 60 年代到 80 年代大受欢迎的忍者漫画《卡姆依外传》（『カムイ外伝』）的电影改编。文章作者详细地分析了导演如何重塑主人公角色和重构原作精神，努力迎合 21 世纪伊始年轻一代观众的口味。结合网络电影评论的考察，作者认为导演希望打动年轻一代观众的目的并未得到圆满的实现，因为年轻一代对政治不感兴趣，对漫画的时代政治背景不甚了解，很难理解主人公的精神世界。尽管如此，作者最后指出判断电影改编是否获得"来生"尚为时过早。

2.2 第二部分：性别、同性恋社区和翻译

第二部分包括五篇文章，以性别为经，以翻译为纬，串接女性主义理论著作、文学作品、电视弹幕等载体。《革命不可翻译：日本 20 世纪 70—80 年代女性解放运动语篇的变形》（Curran et al., 2015: 60-78）一文中，作者詹姆士·韦尔克（James Welker）详细探讨了《女性解放：未来蓝图》《第二年笔记：女性解放》和《我们的身体和我们自己》三部重要的女性主义著作在日本的译介，考察了译者、翻译策略、推介、接受和影响等细节，揭示了当时译者是如何从个人到集体合作，通过删改章节、调整内容、增加前言后序等策略，使得译本契合本土读者的期待，引发社会变革。最后，作者强调翻译对日本女性解放运动具有重要的意义，但不能简单地认为日本女权革命就是美国第二波女权主义的翻译。

"凯瑟琳·麦金农的日译：建构激进的女性主义翻译理论"（同上：79-98）一文在综述女性主义翻译理论的基础上，提出翻译是促进男性跨越语言界限建立联结的跨文化活动，色情文本的翻译是强化女性从属地位的文化产品再生产。她认为，翻译可以在社会运动中发挥战略性的作用，通过抵制翻译色情文本、传播推动社会进步的文本，建立跨国的合作和联盟，改善女性的地位与环境。作者以作者凯瑟琳·麦金农（Catharine Mackinnon）的反色情、反性别歧视的纲领性论著《女性的生活／男性的法则》（*Women's Lives / Men's Laws*）的日译为案例，凸显两位日本译

者的女性主义理论背景以及日本色情嫖娼问题研究会（APP[①]）的成员身份对于文本选择和翻译策略的影响。案例证明翻译活动有助于促成全球的反色情运动，而政治活动也有助于促成纲领性文本的成功翻译。作者呼吁翻译的"女性主义"视角应当将翻译的首要目标定位为改变女性生活的环境，重点考虑如何掀起反男性性暴力的跨国行动。《日本的Queer[②]翻译：20世纪90年代"同性恋热潮"的情感认同和翻译》（Curran et al., 2015: 99-124）一文中，作者考察了日本20世纪90年代"同性恋热潮"初期翻译的几部最有影响力同性恋文学译本，揭示翻译对日本阅读界以及同性恋群体产生的巨大影响。研究发现，此类文学的翻译不仅在广大读者群中塑造了同性恋的形象，而且在男同性恋者群体中激起了关于同性恋认同与文学创作的关系的辩论。文章最后，作者还补充了同性恋文学翻译热潮的后续发展概述。

《佩斯利花纹的危险和奇怪的伪娘：黄金电视节目通过弹幕的奇怪穿越》（同上：125—147）一文研究的是弹幕这种特别的视听翻译形式和一种特别的日本语言风格——"御姐用语"（おねえ言葉）的交叉。"御姐用语"指言谈举止女性化的男性将传统的日本女性语言表达的文雅与尖酸、机智、恶搞等元素混合在一起创造出来的一种语言风格。作者以电视娱乐节目"おねえMan"的一期形象改造节目为个案，通过详细的视频解析呈现主流媒体娱乐节目如何借用"御姐用语"这种Queer群体流行的风格，将其固化成"伪娘角色用语"（おねえキャラ言葉），并用弹幕强化，实现了一种奇怪的翻译：从现实使用的口语形式到弹幕的文本图像形式的转化，从Queer群体的语言风格到固化媒体角色的语言风格的转化。

《翻译性别声音：从谷崎润一郎的〈痴人之爱〉到吉本芭芭娜的〈厨房〉》（同上：148—168）一文将研究目光转回到最传统的翻译问题——文学文本的翻译。作者首先梳理现代日本小说的翻译进程，发现虽然女性作家的作品英译增多，但女性的声音却未被更好地听见，未被更好地体现。

[①] APP 的日语全称为"ポルノ・買春問題研究会"，英语全称"Anti Pornography and Prostitution Research Group"。

[②] Queer 是对非异性恋和/或非顺性别的少数人群的统称，涵盖同性恋、双性恋、跨性别、双性别等的性取向/性别认同区别于主流人群的人群。

为此，作者选择了两部代表性作品：一部是早在20世纪50年代就得到成功译介的谷崎润一郎的小说《痴人之爱》，另一部是新一代国际知名的日本作家吉本芭娜娜的《厨房》。分析发现，当作品人物有意背离或遵循女性用语（女言葉）规范时，英译本虽然可以通过一些近似的语言方式弥补，但有些语境仍未能很好地传达性别的声音。作者呼吁翻译过程中要特别关注女性声音是如何被重新构建的。作者认为，从某种意义上看，翻译实践中产生的性别相关问题与性别重塑直接相关。

2.3 第三部分：文学翻译

《平井呈一，〈德古拉〉日译者和文学变身人》（同上：169—185）的研究对象是英语吸血鬼故事《德古拉》（*Dracula*）日译本的译者平井呈一。通过追溯译者的文学背景，研究发现平井呈一本人的写作经历、担任知名作家助理的经历、模仿知名作家写作风格的轶事使得他善于讲述故事，善于在翻译过程中与原文作者想象性地合作。通过对译本的文本分析，文章发现平井呈一大胆地进入了作者的世界，采用流行的口头表演风格，将原作对未知怪物的客观记录演变成了"一流的惊悚娱乐"（Curran et al., 2015: 175），创造出了吸引几代日本读者的经典译本，为日本奇幻和恐怖文学阅读群的形成做出了重要的贡献。作者认为，平井呈一的译本虽然并非最为权威的译本，却是最为经典的日语译本，译本所塑造的独特的吸血鬼德古拉的形象，至今依然生生不息。

最后一篇文章《尹东柱诗歌日译》（同上：186–214）研究的是朝鲜族诗人尹东柱的诗歌日译。作者先回顾了尹东柱的生平和诗歌写作，探讨他为何被定位为爱国抗日诗人，所创的诗歌为何被视为现代朝鲜语诗歌的经典；继而梳理尹诗日译，通过对比分析，发现大多数日译都采取关照原文的直译方式。作者认为尹诗日译标志着现代朝鲜语日译从意译到直译的转变，体现了日本与朝鲜半岛历史关系的变化和文化权利的斗争。文章还探讨了因诗歌版本差异、译者对方言词汇的了解有限、译者特定的社会哲学背景而引起的翻译问题。作者认为尹诗日译反映出的问题是研究现代朝鲜语诗歌日译的宝贵参考资料。

3 特点

3.1 视野开阔，视角丰富

从以上各章内容概述可以看出，该书探讨的翻译不仅限于传统意义上的文本转换，其范围已拓展至语言变体之间的语内翻译，不同媒体、文类之间的符际翻译，以及难以归类的同性恋社区口语到弹幕书面语的翻译等，可以说翻译已经泛化到任何开放变化的语境下进行的文化实践活动。除了"翻译"含义泛化外，该书的题目《当代日本各种翻译社区》里的每个主题词都具有丰富的含义。"各种"指翻译在各种文本混合媒体下被各种读者/观众/参与者群体以各种顺序获得并阅读/观看/参与。"翻译社区"是变化的、开放的、由翻译建构并赋予生命力的群落，社区对文化产品的使用使得日本流行文化生产的世界得到了创造性的延伸。在翻译社区里，译者承担多重任务，翻译也不再与丧失感、低级感、失败感联系在一起。即便是"当代日本"也不再是固定的概念。由于各种翻译社区的变化性和开放性，日本、日语的概念和位置也变得不再稳定。事实上，在翻译潮流中，国家、国家语言的意义也不断地遭到挑战。

在这样开阔的视野下，该书向读者呈现了一幅幅富有生机的翻译活动画卷。从译介方向看，包含英译日、日译英、韩译日；从媒介看，文学作品、漫画、戏剧、电影的跨媒体转化呈现了日本最活跃的文化生产活动；从翻译参与者看，除了传统意义的文本译者，导演、字幕编辑、阅读者都是该书的研究对象。从学科融合来看，研究者来自不同的研究领域，为翻译研究带来了不少新鲜的研究视角。比如来自墨尔本大学克莱尔·马力（Claire Maree）主攻日本 Queer 话语风格在主流生活媒体的体现和运用；而专攻战后和当代日本女性研究的詹姆士·韦尔克将女权主义研究与翻译研究结合，关注翻译在性别角色的建构、表现和控制中的作用。

3.2 立足本土，接轨国际

该书的另一大特点是浓郁的本土特色。日本的语言是极其复杂多变的，既有礼貌用语、敬语、自谦语、性别用语等特别的语域转化和人称指代的语用转换，又有地区和次文化造成的语言变体（Inoue, 2006: 4），再加上复杂的日语书写体系（汉字、平假名、片假名等）等元素，语言的复杂性使得语内翻译几乎无时不在。日本国际交流频繁，语际翻译也极其丰富多彩。20世纪90年代起，日本文化产业快速增长，成为仅次于美国的世界第二大文化产业大国（唐向红，李冰，2012：47），文化产品的相互衍生为符际翻译提供了广阔的沃土。这些丰富的语言和文化特质为该书的写作提供了源源不断的素材。该书的研究内容多为日本本土特有的语言和翻译现象。例如，漫画是日本文化对外传播的有力载体，为日本"酷文化"形象的塑造发挥了重要的作用。该书以漫画翻译作为开篇文章，很好地展示日本的特色翻译；女性主义与翻译部分多篇文章探讨的"女言葉"（女性语言，是"御姐用语"和"伪娘角色用语"的基础）是日本人眼里的宝贵文化遗产；《凯瑟琳·麦金农的日译：建构激进的女性主义翻译理论》一文的激进观点也与日本的社会背景紧密相关——日本的色情业塑造了日本文化和社会，对日本的女性造成了广泛的伤害；《佩斯利花纹的危险和奇怪的伪娘》一文所研究的弹幕是日本娱乐媒体的特色形式，将其与日本的Queer社区语言和文化融合研究充分体现了立足本土的研究思路。

该书的研究不仅是对日本本土特色的彰显，也是对全球翻译和文化研究的有益补充。研究者并未局限于本土视域，而是以全球化的眼光反观本土的翻译，借用国际翻译研究流行的理论框架和理论术语探讨翻译问题，努力与国际学术界接轨。论文对本土特色的文化现象和翻译现象进行详细的描述或注解，便于完全不懂日语或不了解日本文化的英语读者理解背景信息。这种融入国际学术界的努力值得我们学习。

3.3 紧跟时代，把握趋势

随着时代的进步，新技术、新媒体不断涌现，图像、声音、文字、媒体等元素会以更多意想不到的可能融合，翻译将会出现更多新的形式，原有的概念、理论也需要不断地修正和丰富。该书不少文章对现有一些翻译的关键问题提出了质疑，贡献了颇有新意的观点。例如，按照雅各布森（Jakobson, 1959/2000）的翻译三分论，弹幕不同于外译电影的字幕，应隶属于语内的"改述"（rewording），但弹幕是用文本和图像的混合形式展现经过选择的话语，不同于将语音信息转换为文本信息的语内字幕，克莱尔·马里认为若把弹幕归为语内改述，本质上是有问题的。贝弗莉·柯伦注意到新的媒体与技术使得雅各布森的三类翻译有同时进行的可能，但对此在理论和实践上都很少有人关注，因此呼吁"理论上和实践上都需要认识语内翻译、语际翻译和符际翻译是如何同时进行的"。这也提醒我们，新技术、新媒体的发展势必会引发新的翻译和翻译研究的发展。

4 不足之处

然而，该书并非完美无缺，其中的一大问题是关键概念不够明晰。该书的翻译研究界限非常模糊，编者未在前言部分明确定义翻译的概念，也未说明概念泛化的理据。跨媒体翻译部分的文章均未对关键概念进行定义，"媒体翻译"（media translation）、"文类间翻译"（intergeneric translation）大概源于雅各布森（Jakobson, 1959/2000）提出的符际翻译，但作者未说明新概念的发展脉络。如果说电影、漫画、文学作品之间的翻译尚在翻译的讨论范围内，那么将 Queer 社区的语言到媒体节目角色用语的迁移也视为翻译，就有过度泛化翻译概念的嫌疑，遗憾的是，作者并未给予充分解释。

该书的另一大不足是研究方法单一，所有文章均是描述性的个案研究，但缺乏理论升华，读者很难判断出个案研究的最终目的。正如哈德利（Hadley, 2016）所批评的，这对个案研究已泛滥成灾的翻译学科并无多大贡献。另外，书中个别文章的论证不够严密。佐藤－罗斯伯格·奈奈论证漫画《卡姆依外传》的电影改编的接受程度时引用了网络评论，但并未严格统计差评比例，缺乏量的分析，仅根据几位观众的评论得出电影导演与年轻一代观众沟通不成功的结论，是不够科学严谨的。

5 结语

总的看来，该书的丰富视角和宽阔视野为我国的翻译研究提供了一定的借鉴，能够启发中国研究者思考中国的翻译研究如何立足本土走向世界。虽然日本翻译学科起步较晚，但近年来也在国际翻译界出版了不少反映日本本土翻译和翻译研究的英语专著。除了本文述评的这部专著，还有2011年出版的《现代日本的翻译》，2012年的《日语语境下的翻译与翻译学》，2015年的《早期现代日本的翻译文化史》，等等。国际研究界可以通过英语文献快速了解到现当代日本的翻译历史、现状与趋势，也可以了解到日本翻译研究的最新成果和态势，这对我国的翻译研究"走出去"具有一定的启示意义。

【参考文献】

Curran, B. Sato Rossberg, N. & Tanabe, K. *Multiple Translation Communities in Contemporary Japan* [C]. New York: Routledge, 2015.

Hadley, J. 2016. Beverley Curran, Nana Sato-Rossberg, and Kikuno Tanabe, Multiple translation communities in contemporary Japan [J]. *The Translator*, 2016 (22:3): 386-389.

Inoue, M. *Vicarious Language: Gender and linguistic Modernity in Japan* [M]. Berkeley / London: The University of California Press, 2006.

Jakobson, R. On linguistic aspects of translation [A]. In L. Venuti (ed.). *The Translation Studies Reader* [G]. London: Routledge. 2000: 113-118.

唐向红，李冰，2012，日本文化产业的国际竞争力及其前景 [J],《现代日本经济》（04）：47—55。

翻译对伊斯兰出版社转型之影响

艾理佛·达尔代尼兹 著
戴寅竹 张飞宇 编译

1 引言

不管是在奥斯曼帝国时期，还是当代土耳其，西方经典作品的土耳其语翻译一直都是热议的话题。然而在 2006 年，这些讨论进入了新的维度。2006 年 8 月 19 日，《激进日报》[①]（*Daily Radikal*）的头条如下：

"主佑的早上好，汉斯！"
　　向学生推荐阅读的"100 本必读书"的书单中，这些书都是根据每家出版社的意识形态翻译的[②]。

这篇文章宣称一些出版社是在按照自己的意识形态扭曲西方经典作品。尽管文章没有指明是哪种意识形态，土耳其读者还是能轻易猜到文章意下所指是伊斯兰教。因为《激进报》在几周后刊发了一系列相关文章。讨伐对西方经典作品翻译的意识形态扭曲仍是土耳其媒体的主要议题。知

[①] 《激进日报》是一份左翼自由派日报。由主导土耳其媒体的大型传媒公司 Doğan Medya 发行，可以视该报为土耳其主流媒体的代表之一。
[②] 土耳其原文略。

名专栏作家们在各大报纸上跟进评论。来自不同大学的口笔译学者也在《激进日报》的周日增刊《激进日报2》（Radikal 2）上撰文。

这场严苛与持久的报端批判迫使政府权威现身于多家电视频道并回应指责；2006年8月24日《激进日报》报道称，许多书籍都被撤出市场。几家相关伊斯兰^①出版社发声否认其翻译中的意识形态扭曲，一些译者也自我辩护，称他们采用一些词汇是受了土耳其文化中惯用语的影响，并非有意识形态作祟。直到2006年末，话题热度才消退，相关书籍的下架显然抚慰了批评者们。

事实上，土耳其翻译研究界的学者和学生们在过去的二十年中早就对西方经典作品土耳其语翻译中的伊斯兰化趋势^②颇有兴趣：1995年，穆特卢（Mutlu）注意到了Timaş Yayınları出版社发行的西方经典作品翻译系列中的伊斯兰归化现象（Mutlu, 1995）；2003年卡拉达格（Karadağ）也分析了Timaş Yayınları出版社的翻译（Karadağ, 2003；此研究会在下文讨论到）。但在2006年媒体事件之前，伊斯兰出版社对西方经典作品与日俱增的偏爱并没有引起广大公众的关注。初看之下，2006年的争论似乎在更大范围内再次印证了之前翻译研究学者们在他们作品中的暗示，即翻译过程中存在着故意裁剪原文以迎合伊斯兰读者期待的现象。然而，对于2006年事件的讨论不能止步于如此草率的假设。此外，Timaş Yayınları作为首家在土耳其出版西方经典作品翻译的伊斯兰出版社，在这次争论中一次也没有被提及，这也值得密切关注。

本文具有双重目的。一方面，我会分析2006年的媒体争论如何影响了土耳其学术圈内外对翻译与意识形态关系的看法；另一方面，我会尝试对近期伊斯兰出版社转向西方经典作品这一现象做出解释，尤其以Timaş Yayınları出版社为例。此前西方经典作品的翻译主要由国家资助的和亲西方的出版社发行。有鉴于此，伊斯兰出版社翻译政策的转变似乎值得研究。

---

① 形容词"伊斯兰教的"（Islamist）在口语中使用广泛，且部分学者也用该词定义这些出版社，但我更倾向用"伊斯兰文化的"（Islamic）这个词来指代这些出版社的背景和目标读者。形容词"伊斯兰教的"一词本身已有了一种活跃的政治立场，本文并不旨在宣扬这一立场。

② 见Mutlu（1995）；Karadağ（2003, 2008）；Neydim（2006a）。伊斯坦布尔大学翻译和口译研究系中心有几个硕士项目班围绕的都是该主题。

在此阶段，有必要强调"伊斯兰文化的／伊斯兰教的"（Islamic/Islamist）或"亲西方的"（pro-Western）这些术语可能会造成如此错觉，即土耳其社会内部立场泾渭分明。现实情况更为复杂，过分简单化贻害无穷。需要特别指出的是，在土耳其语境中，这个标签和通常意义上的"伊斯兰教徒"（Islamists）在内容和范围上都不相同，他们也不认同自己属于这个团体（见 Aktay, 2005）。

我希望本文在土耳其社会与政治发展之间的关系上有所阐发，本文也意在阐释翻译的过程是深植于社会的。将翻译现象置于其社会语境之中分析便需要引入社会学的理论和方法论（Wolf, 2006: 10）。沃尔夫（Wolf）指出，翻译研究学者特别借鉴了皮埃尔·布迪厄的文化生产理论（theory of cultural production），"旨在阐明行动者在翻译场域中的地位和立场"（同上：11）。依据古安维克的观点，布迪厄提出的场域（field），惯习（habitus），资本（capital）和幻象（illusio）等概念应用在翻译研究中很有用（Gouanvic 2005: 148；也见于 Inghilleri, 2005）。但我会采用布迪厄的另一个术语：不同种类资本的"转化"（transformation）或"转换"（conversion）。克雷格·卡尔霍恩（Craig Calhoun）强调，布迪厄理论中重要且独特之处便是资本之间的差异以及资本转化之间"你中有我"的相互作用（Calhoun, 2007: 106）。根据广为人知的布迪厄理论，"资本有三种基本类型（每一种又有其子类），即经济资本、文化资本和社会资本"（Bourdieu & Wacquant, 1992: 119）。布迪厄增加了"象征"（"symbolic"）资本，指的是"上述三类资本中的一种或另一种资本在认知范畴内被理解时的形式"（同上）。因为场域之间的斗争是布迪厄理论中的关键概念，"资本仅存在且作用于某一场域之中"（同上：109），应指出在此场域中活跃的力量"才是定义特定资本的力量"（同上）。这些不同类型资本的"保存或转化"（同上）成为所涉及行动者的核心目标，且与该场域中个体或集体的地位密切相关。个人、家族或机构若要资本世代再生，他们必须将一种资本（例如：经济）转化为另外一种（例如：文化）资本（Calhoun, 2007: 106）。布迪厄不同资本之间相互转化的概念似乎是探究伊斯兰出版社对西方经典作品新兴趣的有效办法。

本文首先将简要勾勒奥斯曼帝国和共和国时期的土耳其翻译西方经典

作品的历史，以便语境化土耳其社会内部对这些作品本身及其土耳其语翻译的态度。为理解这些不同的态度，还需介绍共和国初期的几次语言改革。随后会分析2006年的那场辩论，并聚焦于《激进报》刊载的新闻报道和文章。因为是该报首先指出了翻译问题，并用多个版面大面积报道，也包括其周日增刊。最后，本文试图运用前文介绍的布迪厄视角来语境化伊斯兰出版社近来对西方经典作品的偏好。

2 翻译西方经典作品，过往与当下

在坦齐马特（Tanzimat）或"重组"（Reorganization）时期之前，此阶段始于1839年各项改革的宣布，奥斯曼帝国仅对哲学、科学和军事领域的西欧出版物感兴趣。坦齐马特时期，欧洲文学作品开始译入奥斯曼土耳其语（Paker, 1998: 578; Berk, 2004: 15）。关于西方经典作品译入土耳其语的首次讨论随着翻译引入新的文学体裁发生[①]。参与讨论者在应视哪些作品为"经典"，哪些作品值得翻译且对目标语境而言是有用的，以及应当如何翻译上产生分歧。但是大家一致赞同，翻译欧洲经典文学作品的目的在于支持以当下西方模式为参照的土耳其现代化改革（Paker, 2006）。因此，翻译欧洲文学作品的主意与进步的观念密切相关："在奥斯曼帝国末期和共和国初期，统治土耳其的精英与知识分子视翻译为启蒙和现代化的工具"（Tahir Gürçlarlar, 2003: 114）。

私有及国家赞助的翻译作品出版持续进行。1923年土耳其共和国成立后，势头更盛。国家赞助的翻译局隶属教育部，成立于1940年，该局"截至1966年，总共出版了1247本选自西方经典作品的翻译"（同上：117）。该局也视翻译西方经典作品为现代化和西方化土耳其的一种手段，这种看法似乎从帝国一直延续到共和国时期，未曾变化（Paker, 2006: 327）。在土耳其共和国的前几十年里，翻译作为启蒙和现代化的工具，广泛应用于

[①] 有关这场讨论的详细分析及其在现代土耳其的接受，请参阅 Paker（2006）。

各种社会与文化改革项目（Kurultay, 1999: 13）①。也正是在此背景下，我们必须注意到土耳其社会内部伊斯兰界对翻译西方经典作品的消极立场，这是对统治精英阶层支持的变革与转型努力的排斥。

从 20 世纪 80 年代后期开始，"抵制西方现代化范式"（rejection of the Western paradigm of modernization）观念的影响逐渐扩大（Berk, 2004: 246）。批判西方化的各种立场从土耳其社会的边缘步入中心。与此同时，20 世纪 80 年代末 90 年代初伊斯兰出版社占据了出版业的中心位置，此局面在 20 世纪 90 年代得到了巩固（Gülalp, 2003: 56; Tosun, Arı, & Taş, 2007）。也正是在 20 世纪 90 年代，这些出版社开始关注西方经典作品，这似乎与此前立场相矛盾。

在 2006 年的讨论中，许多记者声称的"意识形态扭曲"（实际上是伊斯兰化）的证据主要体现为翻译中选择使用特定的词汇和表达方式。乌马伊·阿克塔斯（Umay Aktaş）2006 年 8 月 19 日在《激进日报》中报道，Nehir 和 Damla 这两家出版社在其翻译作品中创造出了伊斯兰话语。据阿克塔斯的报道，在教育部列为一百本学生"必读"的书目之中，Damla 这家出版社就出版了近 50 本。Damla 在其出版的翻译中选择了一些源自阿拉伯语的宗教表达形式，如"hayırlı sabahlar"[主佑早晨（blessed morning）]，而非更常见的无宗教内涵的"günaydın"（早上好）。此外，"God"（上帝）译为了明显具有伊斯兰（阿拉伯）内涵的"Allah"（真主），而非土耳其语中的对应的"Tanrı"（神）。据报道，翻译中还广泛使用了常见的宗教习语②。然而，受到指责的出版社及其译者以"文化"为依据辩护他们的词汇偏好，否认任何意识形态的介入。为了语境化其间牵涉的问题，有必要简要回顾土耳其共和国早期的语言改革。

---

① 根据 Kurultay 的说法，"此（社会转型）项目不可能完成，因其浅陋且充斥内部矛盾"（Kurultay, 1999: 13；由本文作者翻译）。

② 在翻译的质量外，也提到了其他缺点。尤其是某些书籍中没有印刷译者的名字的事实，也被解读成贪婪的出版社使用了现成的翻译，是想避免向最初的译者支付费用而不标他们的名字。2007 年 3 月，土耳其的翻译学者和学生在文学杂志 Varlık 中讨论了翻译经典作品时的侵权问题以及新旧翻译之间的差异。

3 作为意识形态战场的土耳其语

当 1928 年的字母表改革用拉丁字母代替了原来的阿拉伯文字时，一场彻底的语言改革在土耳其便不可避免（Brendemoen, 1990: 455）①。奥斯曼语是奥斯曼帝国时期受过高水平教育的精英们的口头和书面语言（相比之下，此多语帝国中的大部分人都说土耳其语）。奥斯曼语中包含土耳其语、波斯语和阿拉伯语文字，其句法成分也具有这三种语言的特点。字母表改革与"净化"源自波斯－阿拉伯语的词汇都旨在创造一种新的土耳其语，使其成为新的土耳其民族国家不可分割的一部分。尽管 19 世纪坦齐马特时期的知识分子已有"简洁土耳其语"的呼吁（见 Paker, 2006），但土耳其共和国头十年的字母表改革标志着书面和口头土耳其语广泛变革的开始（见 Brendemoen, 1990）②。

语言变为与"与伊斯兰过去全面决裂"（Berk, 2004: 96）之处，改革自然在社会内部引起了抵制。即使在今日，土耳其译者的翻译决策过程仍是意识形态斗争的场地，因为翻译过程中的词汇抉择会迫使译者在现有立场中做出选择：是（共和国成立后通过语言改革所倡导的）纯正土耳其语，充斥着波斯－阿拉伯词源的奥斯曼语文字的保守土耳其语，还是主要发端于 20 世纪 80 年代的那种更加开明的语言，融合了已广为接受的土耳其语、奥斯曼语文字和主要来自西方语言的外来词。正如萨里哈·帕克（Saliha Paker）所指，几种不同的话语"似乎都是'目标语言'"（1997：43）。因此，任何将译者或出版者词汇偏好指责为意识形态扭曲的批判者，本身就有其特定立场；同样，对于任何反驳意识形态偏见的言论也要质疑，例如《日报》中受到攻击的那些伊斯兰出版社的自我辩护。

---

① Brendemoen（1990）详细描述了现代土耳其语的发展。
② 关于语言改革在奥斯曼和土耳其翻译史的意义，见 Paker（1997, 1998, 2006）；Tahir Gürçağlar（2003）；Berk（2004）。

4 "意识形态扭曲"和那次媒体辩论

2005年教育部下发给中小学的"百部必读"书目甫经公布就成为激烈讨论的对象[①]。许多家报纸对"经典"书目作者的入选标准以及何为经典进行声讨,以至于公众对书单作为争论话题习以为常[②]。

一些伊斯兰出版社将西方经典作品的翻译纳入出版名录,其动机与这些作品是书单的重要组成部分有关。继2005年书单发布之后,之前没有出版过西方经典作品翻译的伊斯兰或非伊斯兰出版社立即向其进军。土耳其中小学有近1500万名学生。有鉴于此,这些译作的销量定会十分可观,甚至在某种程度上是有保障的。书单上所有的书封面上印的"教育部批准"的标志在大众眼中是质量和可靠性的保证。Damla和Nehir这两家出版社似乎也受到了该书单的激励。

这两家出版社都涉及儿童、经典、历史和伊斯兰研究书籍。但Nehir的目标读者为儿童和成年人,而Damla主要面向儿童,并同时出版中小学教科书。对这两家出版社出版的世界和儿童经典书籍的调查显示,尽管出版数量从2005年开始急剧增加,但它们早在1995年就开始出版此类作品。鉴于伊斯兰出版社在20世纪90年代才从土耳其出版市场的边缘位置逐步走到中心,所以有必要强调这些伊斯兰出版社是早在教育部书单发布之前便转向了西方经典作品。

2006年,已然是声名狼藉的教育部书单再次成为争议话题。这一次激烈争论的对象是翻译西方经典作品的具体策略(无须指出,报纸没必要在报道中提供详细的文本分析)。第一篇文章刊登在2006年8月19日《激进日报》头版通栏标题的正下方,指责几家伊斯兰出版社伊斯兰化和土耳

[①] 由教育部任命的名单制定委员会包括著名的土耳其儿童作家和从事儿童文学工作的大学教授:Mustafa RuhiŞirin(主席)、Gülten Dayıoğlu、Fetih Erdoganan、Mevlana İdrisZengin、Hasan Guleryuz、Nilufer Tuncer博士和Mübecel Gönen博士兼教授。然而,该委员会很快就解散了,并宣布教育部的观念与委员会相冲突。

[②] 关于对面向儿童和青少年的书单的评论,请参阅Neydim(2004)。

其化西方经典作品。在本文已提及的几个宗教相关例证之外，该文章还抱怨 Nehir 出版社用土耳其人专用的名字替换儿童经典作品中的人物名字。据那位记者介绍，在 Nehir 出版社的翻译中，匹诺曹（Pinocchio）的父亲杰佩托（Geppetto）被译成加利普爷爷（Galip Dede），一个土耳其男性的专用名字；海蒂（Heidi）的祖父阿尔姆（Alm）变成了阿尔普（Alp），也是一个土耳其男性的名字①。

同日，《激进日报》的总编辑与当红专栏作家伊斯梅特·贝尔坎（Ismet Berkan）也评论了这桩丑闻，并敦促当局进行干预（Berkan, 2006a）。贝尔坎先提醒读者他支持有"伊斯兰教"背景的土耳其现政府②的立场时常招致批评，但他也承认当天的标题迫使他对该政府的一些举措进行了反思。他将翻译中的词汇选择的偏好解读为土耳其化和伊斯兰化进程的一部分，并声称甚至可以将这些翻译策略视为政府要将土耳其转变为伊斯兰教国家的隐秘议程。贝尔坎尤为质疑那些翻译中对阿拉伯词语"Allah"（真主）的偏好。

次日，有关歪曲翻译的新闻仍占据着《激进日报》头版。这一次教育部旨在回应《激进日报》头条报道的声明受到了尖锐批评，因为教育部提示，家长们应负责选出书单中的最佳翻译。这篇报道在第三天仍位于头版。2006 年 8 月 21 日报道的是不同群体的发声：报纸引用了教育部次长要求严加管理的声明，教师工会、翻译协会和图书译者职业组织各自均有声明。所有声明都严厉批评了翻译中的意识形态扭曲，尤其是翻译中所谓的土耳其化和伊斯兰化。

该文章还引用了 Damla 出版社的声明，该声明反驳了上述指控，并向公众保证翻译中没有添加任何原文中未包含的内容。Damla 出版社否认自己与"隐秘议程"有任何关联，还解释"Allah"一词和一些宗教习语已被广泛口语化了。

2006 年 8 月 22 日，另一篇文章报道了教育政策委员会主席伊尔凡·埃

---

① 实际上，在 Johanna Spyri 版本的《海蒂》译文中，祖父被译为"Alm"（阿尔姆），而不是记者所称的"Alp-öhi"（阿尔普爷爷）。因此，海蒂祖父的名字突厥化是记者的曲解。
② 执政的正义与发展党由美德党的一些成员创立，该党因发布伊斯兰主义信条和议程于 1999 年解散。

尔多安（Irfan Erdoğan）的声明。埃尔多安承认翻译过程中一定改变是不可避免的，但改变名字与违反对原文的忠实是严重的错误。他承认教育部对这些翻译出版物监管不力，并再次提醒为了选择正确的翻译父母也要谨慎。

2006年8月22日，总编辑伊斯梅特·贝尔坎在他的专栏中赞扬了教育部的正式声明，该声明告知公众，教育部会阻止对"受扭曲作品"的推荐（Berkan, 2006b）。同他以前的几篇文章一样，贝尔坎援引名为"老辩题：翻译文学作品时，译者多大程度上算'异语写作的作者'，而多大程度上才算'译者'？"的文章（同上；原文作者译），在该文中再次质询了译者干涉的限度。他承认此问题没有绝对的答案，并提到事关其他文学作品翻译的著名事件。贝尔坎警告说，在一个宗教不主导日常生活的国家，出版社或译者在翻译中对西方语言的原文伊斯兰化处理不能视为是单纯的选择，这种做法始终寓有政治含义。他总结，儿童们应该远离这种政治议程。

在2006年8月25日的一篇文章中，《激进日报》记者艾姆雷·博兹泰佩（Emre Boztepe）报道了对伊斯坦布尔大学翻译研究系教员内克代特·内义迪姆（Necdet Neydim）的采访。博兹泰佩援引道，内义迪姆将如今在《激进日报》措辞中的意识形态和宗教扭曲问题归因于当局"监查"不力，而书单中大部分书籍已过了版权保护期的事实则加剧了该问题。博兹泰佩的文章还提到了伊斯坦布尔大学的硕士生们对几家伊斯兰出版社发行的卡洛·科洛迪的《木偶奇遇记》、维克多·雨果的《悲惨世界》、丹尼尔·笛福的《鲁滨逊漂流记》、约翰娜·施皮里的《海蒂》、马克·吐温的《汤姆索亚历险记》和《哈克贝利·费恩历险记》翻译的研究。该记者从译文和文本外部信息源中挑选了一些令人震惊的例子以证实译文有意识形态和宗教层面的扭曲，却跳过了这些硕士生研究的评价部分和整体研究框架。该文章尤其没有探究原文中是否包含祈祷场景或使用宗教化表达。实际上，祷告与感谢上帝在前几个世纪的西方儿童文学作品中尤为盛行，于此该文却未提及。

另一位《激进日报》专栏作家居恩杜茨·瓦萨夫（Gündüz Vassaf）在2006年8月27日发表了一篇争议性文章（Vassaf, 2006），文章关注了名字土耳其化的做法在土耳其历史悠久这一事实[①]。瓦萨夫指出安纳托利亚（Anatolia）的库尔德（Kurdish）和亚美尼亚（Armenian）村庄里重命名的做法由来已久，并且申请入籍为土耳其公民时，申请者也要选一个土耳其名字。瓦萨夫称，在翻译作品中观察到的那些变化不足为奇。

翻译作品中的伊斯兰话语及推荐书单中土耳其原创作品自身的缺陷成为8月下旬其他报刊讨论的对象，之后相关讨论时断时持续到年底。出版社，尤其是因监督不力招致翻译问题的教育部也一直都是专栏作家笔伐的对象。

从2006年那次占据土耳其报纸与电视节目数星期的辩论中可以洞察出三点意见。首先，若翻译话题在规模有限的学术圈和专业团体之外引发广泛关注，这很有可能是丑闻或"问题"导致。其次，翻译极易被贴上意识形态"扭曲"的标签。最后，翻译也可能是另有所指的托词；于此则是对AKP（正义与发展党）政府涉嫌所谓伊斯兰教秘密议程的批判。鉴于教育部是有伊斯兰教背景政党组成的政府的一部分，许多人将整个推荐阅读书单提议视为意识形态之举，而关于翻译作品辩论自身（除Vassaf, 2006外）都忽视了儿童文学中名字突厥化在土耳其是司空见惯之举，且改编原文也是儿童文学的传统，倾向以伊斯兰化进程的框架解释该现象。

虽然学术文章被视为专业分析参加了辩论[②]，但是报道"丑闻"的相关新闻只是选择性地呈现学界观点，忽视研究的总体框架且仅挖掘其中令人咋舌的例子。结果便是报纸上的主流措辞（除Gündüz Vassaf的外）暗示早期的西方经典作品翻译中没有任何解释性或意识形态的成分。记者们对伊斯兰出版社翻译作品的批评大都表明了一种潜在假设，即保持中立是译者最主要的任务。尽管一定程度的变化有时不可避免，但可信赖的翻译要尽可能忠实原文。即便如此，贝尔坎关于译者干预限度和责任的讨论表明他对当下翻译现象的研究动态有一定的了解。同样值得一提的是对土耳其

[①] 从1940年到2000年，土耳其全国35%的村庄，即12211个村庄的名字被土耳其化重命名（Tunçel, 2000）。

[②] 也有翻译学者被邀请分享他们对土耳其近期翻译"丑闻"的看法，例如对Georges Perec翻译的《失踪者》的看法。

翻译问题的评论并不囿于学术期刊或主流由学术出版社的书籍。在许多期刊之中，《激进日报》的文学增刊就是一个交流文学翻译观点的论坛。专门研究学术与大众翻译的杂志在土耳其历史悠久，可追溯至奥斯曼帝国时期（Paker, 1998; Tahir Gürçaglar, 2002, 2008; Berk, 2004）。土耳其在过去和当下一直把翻译看作其实现西式现代化的重要工具，因此该国翻译公众话语丰富且不局限于学术界也就不足为奇。可是，学术圈在这场辩论中有何贡献？我将会简要介绍翻译学者在《激进日报》和《激进日报2》上发表的文章。

第一篇文章发表于 2006 年 8 月 30 日，出自内克代特·内义迪姆（2006a）。在提过西方经典作品翻译在土耳其现代化进程发挥的作用后，他指出有争议的译作在保守派和伊斯兰圈子看来，等同于重新发现了西方经典作品中的宗教元素。他认为正是教育部开书单的举措，促使保守的伊斯兰出版社利用西方经典作品的翻译来达到其操纵传统目标群体之外的读者，特别是学龄儿童的目的。内义迪姆专攻儿童文学，但对翻译在土耳其儿童文学这种体裁的形成中所起到的作用也兴趣十足，他认为译者和/或出版社的操纵既是必要也是必需之举，并强调每个社会都有责任保护孩子免受不必要的影响，并认为西方儿童文学旧译本中省略基督教元素的方法是绝对可以接受的。相比之下，他批评了新近译本中伊斯兰式的归化（Venuti 理论所指），认为这些翻译中的干涉已不是出自保护儿童的目的，而是为了以伊斯兰教意识形态操纵年轻读者。

第二篇文章发表于 2006 年 9 月 10 日，由伊谢·巴努·卡拉达格（Ayşe Banu Karadağ）（Karadağ, 2006）撰写。卡拉达格认为，意识形态在翻译过程中一直非常活跃，事实上这一视角在这场辩论中被普遍且刻意地忽视。关于最近讨论中涉及的翻译，她指出一个基于宗教意识形态的文化词库正在成型。卡拉达格宣称，受土耳其政治变化和目标读者群壮大的推动，这些翻译已从"土耳其文化与文学多元系统"的边缘转至中心（同上）。她认为这些新译本的出版似乎是对土耳其官方意识形态中将现代化等同于西方化进行批判的一部分，而这种批判倾向于持续升级。

最后一篇文章于 2006 年 10 月 1 日在《激进日报》发表，该文章是本文作者艾理佛·达尔代尼兹（Elif Daldeniz）（Daldeniz, 2006）的文章。其指出了辩论中各团体声明潜在的一致假设便是：译者应是客观而一丝不苟的抄手。这篇文章介绍了该形象的历史背景及其包含的流行现代主义翻译观，还强调了每一种翻译行为都有其语言、语境、历史、话语和政治相对性。此外，通过介绍现代土耳其语的具体发展，文章指出土耳其译者的翻译决策过程仍是意识形态斗争场地，因为翻译过程中的词汇抉择会迫使译者在上文提及的立场中做出选择。

这三篇文章中让人惊讶的是，土耳其的翻译学者似乎觉得有必要强调，每一种翻译行为中都有其内在的译者的干涉与意识形态。三篇文章都提醒读者，书单上西方经典作品的较老译本也有译者和/或出版商的干涉。

刊登在《激进日报》上那些文章的主流话语也没有走得更远，反而加深了对土耳其内部伊斯兰教团体的现有偏见。只有几位记者（Berkan, Vassaf）和学者强调，所有的翻译本身已是一种阐释行为，是某种意识形态的产物，且取决于涉及的行动者的看法。即使没有广泛的文本研究，我们也可合理假设伊斯兰出版社的译作中可能存在不同程度的伊斯兰归化，因为出版社宣称其出版政策是符合伊斯兰教教义的。但是，不可死板地将所有伊斯兰出版社划为一派，也不可草率地认为所有的伊斯兰出版社在翻译中都会使用同样的策略。本文将会就此进行区分。

5 伊斯兰出版社对西方经典作品的态度转变

尽管对西方经典作品的兴趣一直随时间变化，且感兴趣的主要是世俗的出版社，教育部的书单表明这些作品似乎在土耳其社会内部地位崇高，是儿童和青少年鼓励或要求阅读的对象。Damla 和 Nehir 出版社以伊斯兰读者为主要目标，对入选书单的经典作品进行重译，部分原因在于其利润丰厚的销售前景。在 2006 年争论中受批评的这两家出版社在追求商业利益的同时，还必须满足其常规目标读者的期待，并在一定程度上与其先前的出版政策保持一致，这可能是它们感觉有必要把西方经典作品伊斯兰化的原因之一。

然而，单凭销售前景可能不足以解释这一现象。正如穆特卢（1995）所指出的，伊斯兰出版社早在 1995 年就关注到西方经典作品，并利用这些作品的象征资本努力从出版市场的边缘步入中心。在从前译文中被直接静音的基督教元素（Neydim, 2006b）现在似乎被凸显并转成了伊斯兰教语境（因此，被指责的出版社可以有底气地宣称其译作中没有任何的"增加"）。淡化抑或强调宗教元素显然都是基于特定意识形态立场的选择，媒体讨论中对于可接受与不能接受的翻译的区别同样受到了评论家自身立场的影响。媒体接受偏世俗立场的译者／出版社对翻译的干涉，认为这些干预单纯是对基督教文化产出的作品稍加剪裁，以满足非基督教目标文化的需求。这与近来因伊斯兰归化翻译凸显宗教元素招致批判的例子形成很大反差。媒体称，这些干涉并非"文化上的"，而是"意识形态上的"，因此不可接受。涉事的几家伊斯兰出版社也据此反驳，否认其翻译与任何"意识形态的"因素有牵连，并解释其翻译选择正是土耳其文化的一部分。因此，与自身立场相合的翻译选择被认为是文化上可接受的，而不被接受选择则成了与某种特定的负面"意识形态"有勾结①。

如果我们承认，一些伊斯兰出版社发行西方经典作品翻译的部分动机是想在这些作品的宗教内涵上做文章，那么另一种解释似乎也挺重要。这些出版社通常的读者已开始购买西方经典作品，而且很可能是教育部公布的荐读书目进一步影响了他们。西方经典作品的地位牢牢确立，这也似乎说服了伊斯兰界。事实上，正是这种稳固的地位预示翻译这些作品有获得文化资本的可能（Bourdieu 理论所指），从而为传统的穆斯林保守派提供在土耳其社会得到新地位的机会。也可能是出版西方经典作品让出版社有了接触其通常目标市场以外读者的契机。毕竟，要从出版市场的边缘迈入中心不能仅依靠那些一味寻求阅读与伊斯兰教义相合的增长的读群；若不扩大读者群，出版社也就无法发展壮大，他们也需要顾及社会新群体的阅读需要。在寻求新市场时，这些出版社可能是用出版西方经典作品来隐藏或最小化出版社其宗教身份。

---

① 彼得·福西特（Peter Fawcett）也提出了类似的观点，即文化与意识形态之间的差异对翻译造成了困难。他讥讽道，"即使是用 'loaf of bread' 来翻译明显无深意的法语 'une baguette de pain'，也可以让译者饱受 '压制和约束他者' 的指责。"（Fawcett, 1998: 107）。

值得注意的是,当媒体对那几家伊斯兰出版社火力全开时,记者们对 Timaş Yayınları 出版社连一次都未提及。1982 年初创时,Timaş Yayınları 只是位于伊斯坦布尔的一家小出版社,如今却是土耳其最大的出版集团之一,旗下有几家出版公司,业务涵盖小说和纪实作品。这个"首家在土耳其出版西方经典作品翻译的伊斯兰出版社"是如何避免卷入纠纷的(Karadağ, 2008: 212)?

艾姆雷·博兹泰佩 2006 年 8 月 25 日的文章例举了丹尼尔·笛福的《鲁滨逊漂流记》。博兹泰佩并未提及 Timaş Yayınları 在 2001 年出版的阿里·堪科瑞里(Ali Çankırılı)译本,而该译本采用了明显的伊斯兰措辞(Karadağ, 2003)。可是,该出版社还发行了两个后续译本:其一是 2005 年申居尔·居尔巴赫(Şengül Gülbahç)的新译本(见 Karadağ, 2008),其二是 2007 年泽伊内普·埃尔库特(Zeynep Erkut)的新译本。Timaş Yayınları 是前两版的出版社,第三版标注的出版社是 Lacivert Yayınları。这是因为该版本属于"西方经典著作"(Antik Batı Klasiklieri)译丛,尽管没有明说与 Timaş Yayınları 出版社有关,但此系列也是该集团旗下的品牌。这个译本出现在了 Timaş Dağıtım A. Ş.(为 Timaş 集团的一家销售公司)的书单上,并且可在 Timaş Yayınları 出版社伊斯坦布尔的卡格龙鲁(Cağaloğlu)店购到(Timaş Yayınları 2001 年和 2005 年版译本已不在市场流通)。因此,本文把还在流通的第三个译本视为 Timaş Yayınları 出版社的产品。

将 2001 年与 2007 年译本对比则有显著的差异。正如卡拉达格(2003)所示,伊斯兰式归化是第一个译本的特点。译文在前言中就已指明,且编辑也持肯定态度,因而这似乎是一个刻意的选择。但在该译本出版后,Timaş Yayınları 出版社似乎便转变了西方经典作品的翻译策略(实际上即 Toury 理论所指的"初始规范"有变)。

如果将分析标准局限于卡拉达格采用过的脚注、增译、省译,将 2001 年与 2007 年的译本对比分析,我们发现后者仅有 9 条脚注,并只是在解释字词意思;而 2001 年版有丰富的脚注,对原文的评论鞭辟入里且对翻译中的伊斯兰话语呈现也有所强化(Karadağ, 2008: 89-91)。卡拉达格在 2001 年译本中频繁发现的伊斯兰化增补和省略在 2007 年的版本中却无迹可循。鉴于《激进日报》对翻译中偏好使用"Allah"一词的严厉批评,

157

我也比较的是两位译者翻译英文单词"God"的选择。2001年版译者堪科瑞里始终用的都是"Allah"（Karadağ, 2003: 918），2007年版译者埃尔库特则一直用"Tanrı"（神）一词。总体而言，两个译员在翻译中采取了不同的话语策略：堪科瑞里将目的语译文归化到了伊斯兰语境中，而埃尔库特采用的是更以原文为导向的翻译策略。

Timaş Yayınları出版社停售充斥明显伊斯兰话语的2001年译本，而倾向于推广另一种以原文本为导向的非归化翻译的译本这一事实，是其没有牵涉进2006年媒体争辩的原因。事实上，转为原文导向在该出版社的整体策略中也很显眼。编辑暗示，在过去为避免穆斯林读者对出版社产生反感，"偏离原文是必要之举"（Karadağ, 2008: 211）。可"西方经典著作"译丛的现任主编内瓦尔·阿克比义克（Neval Akbıyık）似乎不以为意。她在2008年2月21日的采访中告诉我，"西方经典著作"译丛是Timaş Yayınları出版社的"支线品牌"，在2005年下半年创立，专为消除该社早期翻译招致的负面影响。为此，该系列采用的是以西方语言原文为导向的翻译策略。她没有进一步评价出版社此前的策略，而是指明出版社现今的通常目标读者是城镇读者。

Timaş Yayınları出版社发展壮大为了出版集团，旗下有一家销售公司和几种出版品牌，每家品牌专做一种文学体裁或图书系列，随之也就扩大了其目标读者群。在这种背景下，其西方语言作品翻译策略的改变也得到了解释。

6 霸权斗争中的翻译

2006年的辩论深刻影响了土耳其大众与学界对翻译与意识形态之间关系的认识。尽管本研究因规模过小而得不出普遍性结论，但其发现也为后续更为全面的研究提供了重要线索。对于这次争论展现出的伊斯兰出版社近期对出版西方经典作品的兴趣，光其经济动机不足以解释。相反，从翻译策略的变化出发，关注一些伊斯兰出版社投放在市场上的西方经典作品的翻译似乎行之有效。我将这些变化与Timaş Yayınları出版社的发展历程联系了起来，该公司从一个小出版社发展壮大成了一个下辖一系列子公司的出版集团，业务扩展了到其最初规模外的各种新领域。我认为布迪厄理论中各类资本相互动态的转化可以解释此过程。为了从小型出版社扩大为出版集团，Timaş Yayınları 出版社必须复制与扩张其原始经济资本的规模，以触及新的读者群体。Timaş Yayınları 一度遵循小型伊斯兰出版社传统，仅面向狭窄的穆斯林读者，如今则壮大成面向更广泛、多样读者群体的出版集团。《鲁滨逊漂流记》的几个译本中的话语策略也反映了该出版社在土耳其内部市场中的地位变迁：随着从边缘步入中心，该出版社的翻译策略也从目的语导向转为更加偏向源语导向。

伊斯兰文化群体内部也存在平行运动，此前他们强烈反对土耳其以西方或欧洲为蓝本的官方现代化政策。随着他们从土耳其政治体系的边缘走到中心，部分人士极端的伊斯兰教保守立场发生转变并加入了当下执政的保守右翼党派政府。土耳其社会中的这些变化，或许也可解释为什么伊斯兰文化圈内的读者对西方经典作品感兴趣。在中小型企业中正在形成新兴的资产阶级尽管有保守的宗教背景，该阶级目前强调凸显的是其伊斯兰文化身份（Gülalp, 2003: 53; Göle, 2008: 17），但这种身份并不排斥现代化生活中的科技和通信手段进步或者是消费习惯。就像所有的中上阶层一样，他们也希望把孩子送到使用主要欧洲语言教学的学校，紧接着留学海外，尤其是去欧洲或美国的大学（Demir, 2005: 876）。所以在经济资本之外，这些家庭还似乎瞄准了扩大其后代的社会和文化资本。换言之，即改变他们所有资本的"数量和结构"（"volume and structure"）（Bourdieu & Wacquant, 1992: 99）。他们之前对西方文化的消极看法似乎已转向温和。不过这些发展也同时表明，过去土耳其社会中激进或保守的伊斯兰教立场不仅有所转变，而且其霸权范围已经扩张到各色私人与公共领域。因此，不论是伊斯兰出版社出版西方经典作品的译作，还是伊斯兰圈对这些书籍的购买需求都与他们之前对这些作品的消极立场不抵牾，而是其社会立场变迁和成员规模扩大的部分写照。

在土耳其语境下，用镜子来隐喻翻译是司空见惯的。但对于当下的案例，我们没有用这个比喻来描述目标语文本与原语文本之间的关系，而是希望用它来（再次）阐释翻译现象是根植于社会的。正如劳伦斯·韦努蒂

（Lawrence Venuti）所言，尽管其角度略有不同，"从外国文本的选择，运用话语策略进行翻译，到翻译的接受，每个环节都蕴含着支持本国文化中政治议程的准则和意识形态"（Venuti, 1998: 127）。通过扩大寻常出版作品的范围到"其他"主题，土耳其的伊斯兰文化团体已经将势力范围扩展到了他们数十年前不在意的领域。此处的翻译不仅反映社会的变迁和转型，也可能在帮助扩大某些特定立场的文化霸权地位中充当了落实这种转型的工具。

【参考文献】

Primary references（一级参考）

Aktaş, Umay. Hayırlı sabahlar Hans! [Blessed morning Hans!] [N]. *Radikal*, 19 August.

Bakanlık ses verdi: Küfürlü sözlük okula giremez [Ministry gives voice: Obscene dictionaries banned from schools] [N]. *Radikal*, 22 August 2006.

Berkan, Ismet. 2006a. Bir varmış bir yokmuş, Allah'ın kulu çokmuş [Once upon a time, Allah had many servants] [N]. *Radikal*, 19 August.

——. 2006b. Pinokyo'ya Allah rızası için bir parça ekmek [A piece of bread for Pinokyo, for God's sake] [N]. *Radikal*, 22 August.

Boztepe, Emre. 2006. Victor Hugo'yu da hidayete erdirdiler [Victor Hugo "became" a Muslim, too] [N]. *Radikal*, 25 August.

Daldeniz, Elif. 2006. Çevirmenin tarafsızlığı [The impartiality of the translator] [N]. *Radikal*, 1 October.

Karadağ, Ayşe Banu. 2006. Çevirinin "ideolojik" doğası [The ideological nature of translation] [N]. *Radikal*, 10 September.

Neydim, Necdet. 2006a. Masumiyetini kaybeden seçki [The classics list that has lost its innocence] [N]. *Radikal*, 30 August.

Pişkin bakanlık! Iyi kitabı veli bulsun [Brazen ministry! Parents are supposed to select the right books] [N]. *Radikal*, 20 August 2006.

Sorumsuz yayıncılık [Irresponsible publishers] [N]. *Radikal*, 21 August 2006.

Vassaf, Gündüz. 2006. Pinokyo buraya yumruk havaya [Defending Pinocchio] [N]. *Radikal*, 27 August.

Secondary references（二级参考）

Aktay, Yasin. Sunuş [Introduction] [A]. Y. Aktaş. (eds.). *Islamcılık, modern Türkiye'de siyasi düşünce* [Islamism, political thoughts in modern Turkey]. Istanbul: Iletişim. 2005: 13-25.

Berk, Özlem. *Translation and Westernisation in Turkey from the 1840s to the 1980s* [M]. Istanbul: Ege Yayınları, 2004.

Bourdieu, Pierre, and Löic J. D. Wacquant. *An invitation to reflexive sociology* [M]. Chicago: Chicago University Press, 1992.

Brendemoen, Bernt. The Turkish language reform and language policy in Turkey [A]. G. Hazai (eds.). *Handbuch der Türkischen Sprachwissenschaft*. Wiesbaden: Otto Harrassowitz, 1990: 454-93.

Calhoun, Craig. Bourdieu sosyolojisinin ana hatları [The basic features of Bourdieu's sociology] [A]. (trans.). Güney Çeğin. G. Çeğin, E. Göker, A. Arlı, & Ü, Tatlıcan. (eds.). *Ocak ve zanaat. Pierre Bourdieu derlemesi* [The collective and the craft. A Pierre Bourdieu reader]. Istanbul: I letişim. 2007: 77-130.

Demir, Ömer. "Anadolu Sermayesi" ya da "Islämcı Sermaye" ["Anatolian capital" or "Islamist capital"] [A]. Y. Aktaş. (eds.). *Islamcılık, modern Türkiye'de siyasi düşünce* [Islamism, political thoughts in modern Turkey]. Istanbul: I letişim. 2005: 870-86.

Fawcett, Peter. Ideology and translation [A]. M. Baker. (eds.). *Routledge encyclopedia of translation studies*. London: Routledge. 1998: 106-11.

Gouanvic, Jean-Marc. A Bourdieusian theory of translation, or the coincidence of practical instances [J]. *The Translator*, 2005 (11:2): 147-66.

Göle, Nilüfer. *Modern mahrem: medeniyet veörtünme* [Modern privacy: civilization and the veil] [M]. Istanbul: Metis, 2008.

Gülalp, Haldun. *Kimlikler siyaseti. Türkiye'de siyasal Islamın temelleri* [Politics of identities. The foundations of political Islam in Turkey] [M]. Istanbul: Metis, 2003.

Inghilleri, Moira. 2005. The sociology of Bourdieu and the construction of the "object" in translation and interpreting studies [J]. *The Translator*, 2005 (11: 2): 125-45.

Karadağ, Ayşe Banu. Edebiyat ve kültür dizgesiniş ekillendirmede "ideolojik" açıdan çevirinin ve çevirmenin rolü [The ideological role of translation and translators in shaping the literary and cultural system] [D]. Istanbul University, 2003.

——. Religious ideology and the translations of *Robinson Crusoe* into Ottoman and modern Turkish [A]. M. Muñoz-Calvo, C. Buesa-Gömez, & M. Ruiz-Moneva (eds.). *New trends in translation and cultural identity*. Newcastle: Cambridge Scholars Publishing. 2008: 195-216.

Kurultay, Turgay. Cumhuriyet Türkiyesi'nde çevirinin ağır yükü ve Türk hümanizması [The heavy burden of translation in Republican Turkey and Turkish humanism] [A]. *Alman dili ve edebiyatı dergisi XI. Studien zur Deutschen Sprache und Literatur* 1999: 13-36.

Mutlu, Özgür. Timaş yayınları klasik eserler dizisi çevirileri üzerine bir inceleme [An analysis of translations of Western classics published by Timas] [J]. *Tömer Çeviri*, 1995 (06): 15-28.

Neydim, Necdet. Çocuk edebiyatının ölüm fermanı [The death of children's literature] [N]. *Cumhuriyet Kitap*, 2004, 22 May.

——. Çocuk edebiatının durumu ve "100 temel eser" üzerine [On children's literature and the classics reading list] [A]. *Varlık ekim* 2006: 27-32.

Paker, Saliha. 1997. A historical perspective on the diversity of discourses in Turkish as a target language [A]. H. Anamur (eds.). *Hasan-Âli Yücel anma kitabı, Çeviri: ekinler ve zamanlar kavşağı Hommage à Hasan-Âli Yücel, La traduction: carrefour des cultures et des temps*. Istanbul: Yıldız Teknik Üniversitesi, 1997: 43-50.

——. Turkish tradition [A]. M. Baker (eds.). *Routledge encyclopedia of translation studies*. London: Routledge, 1998: 571-82.

——. 2006. Ottoman conceptions of translation and its practice. The 1897 "classics debate" as a focus for examining change [A]. T. Hermans (eds.). *Translating others*, Volume 2. Manchester: St Jerome, 2006: 325-48.

Tahir Gürçağlar, Şehnaz. Translation as conveyor: Critical thought in Turkey in the 1960s [J]. *Works and Days*, 2002 (20:1-2): 253-78.

——. The Translation Bureau revisited [A]. M. C. Pérez (eds.). *Apropos of ideology. Translation studies on ideology.* Manchester: St Jerome, 2003: 113-29.

——. *The politics and poetics of translation in Turkey*, 1923-1960 [M]. Amsterdam: Rodopi, 2008.

Tosun, Taylan, Abdullah Arı, & Fatih Taş. 2007. *Türkiye'de yayıncılık alanında dönüşümler* [Turns in Turkish publishing] [N]. [R/OL]. www.bgst.org/keab/cs20071102yayincilik.asp (accessed 8 January 2010).

Tunçel, Harun. 2000. Türkiye'de ismi değiştirilen köyler [Renamed Turkish villages] [J]. *Fırat Üniversitesi sosyal bilimler dergisi*. 2000 (10: 2): 23-34.

Venuti, Lawrence. *The scandals of translation: Towards an ethics of difference* [M]. London: Routledge, 1998.

Wolf, Michaela. 2006. Translating and interpreting as a social practice. Introspection into a new field [A]. M. Wolf (eds.). Übersetzen – Translating – Traduire: Towards a "social turn"? Vienna: LIT. 2006: 9-19.

亚洲翻译研究：现状与展望

张飞宇

1 引言

国内学者对翻译研究去西方与去欧洲心主义的呼声不断（韩子满，2004；曲卫国，2016；马会娟，2019；武光军，2020）。在国际翻译研究领域，Tymoczko（2006、2007/2014、2009）连续呼吁学界从翻译研究理论话语的发掘与建构出发改变学科的欧洲中心主义的现状。Cheung、Lin（2006），Cheung、Neather（2016）呼应此号召，对中国古代及近代的翻译话语进行了全面系统的整理与翻译。Shamma et al.（2022）援引中国学者的成功实践，对阿拉伯世界的翻译话语进行了整理与翻译。Van Doorslaer（2012）对翻译研究学科中的欧洲中心主义的来龙去脉进行了细致梳理。Van Doorslaer、Flynn（2013），Jiménez-Bellver（2020），Van Doorslaer、Naaijkens（2021）继续对此话题展开深入讨论。

虽然现代翻译学的主要发源地在以比利时为代表的欧洲低地国家，位于西亚的以色列和东亚的中国对翻译研究的进一步发展及壮大做出了重要贡献。亚洲地区翻译活动历史悠久，遗留翻译史料众多，现代翻译研究在亚洲地区也发展迅速。然而，对亚洲地区整体上翻译研究现状的考察却一直付之阙如，在近年仅有几位学者从亚洲层次研究相关课题。Wang et al.（2020）对日本、泰国、中国、新加坡、韩国的视听翻译研究进行系统介绍;杨承淑(2021)以翻译史的研究角度切入,集中回顾和考察了日本、中国大陆、中国香港和中国台湾地区及新加坡的译者研究及翻译史研究;Liu(2019、2021、2022)基于网上问卷调查的方式对亚洲范围内的译者职业化(translator professionalism)问题进行系列探索。另有研究以某一种或者是几种翻译学期刊为研究对象,考察中国的口笔译研究的动态和发展(赵云龙、马会娟,2017;Jiang & Tao, 2018;王昱,2019;Zhao & Ma, 2019;孙艳、张旭,2022;Ren & Huang, 2022);或者是关注亚洲域内某一国家的口译与笔译研究(Ahn, 2020; Ren et al. 2020; Çalışkan & Kartal, 2021);或者是国际翻译口笔译研究最新动态(Yan et al., 2013;李红满,2014;方梦之,2016;Huang & Liu, 2019;梁林歆、孙迎宾,2021;Zhu & Aryadoust, 2022)。足以看出学界对亚洲翻译研究整体层面的考察有待进一步完善。José Lambert 一针见血地指出"翻译学起源于欧洲,但是它的进一步发展却不能仅仅依赖欧洲学者"(马会娟、雷炳浩,2022:91)。亚洲作为欧美地区以外口笔译研究科研机构的最大集散地,对亚洲全域口笔译研究的发展现状进行调查,以及判断未来研究趋势显得刻不容缓。

根据中国大百科全书第二版第25卷(2009:530),亚洲共有48个独立政区单位(国家)。鉴于亚洲幅员辽阔且该区域内民族国家与语言纷繁复杂,本文未从研究各国翻译协会及各国翻译学期刊出发,而是通过考察以英语为主要工作语言的国际翻译学期刊[①]的方式,调查在近五年内刊发在这些期刊上聚焦亚洲国家翻译的文章,或者是亚洲学者撰写的翻译研究的文章,以期回答在过去五年中(2018—2022年),亚洲翻译研究国整体国际翻译研究相比发展程度如何,体现在亚洲内部区域、亚洲内部国家之间、亚洲内部参与贡献的科研机构及亚洲以外国家上具体又如何的研究问题。又因为在亚洲绝大多数国家与地区的历史中,翻译活动口笔译之别不明晰,且现代口译与笔译研究在不同国家发展阶段不同,所以本文将口译与笔译研究一并纳入考察范围。

[①] 本文关注的国际翻译学期刊均指以发表翻译研究(包括口译与笔译)文章为主的期刊,少部分语言学与比较文学期刊也刊登少量翻译研究文章,但因其主要关注点不在翻译学,故此类期刊不纳入本文研究范围;除常见权威翻译学期刊外,本文还将部分有区域影响力的期刊也纳入考察范围;发行历史少于五年,未形成一定学术影响力的期刊亦不在此文章考察范围内。

对于翻译研究学科内部在过去五年的研究热门话题与方向，现有研究多局限于 Web of Science（Wos）收录的数量有限的期刊，并引以为权威。又因为陈美超博士开发的 CiteSpace 可视化工具可与 Wos 数据库实现无缝对接，并且可以对收集的信息进行引用分析、聚类研究等，所以现在学科前沿综述与可视化分析形成了基于 Wos 数据库，利用 CiteSpace 或者是相似软件 VosViewer 分析数据并绘制知识图谱，并进行描述性解释的模式。有可操作性强的综述模式对学科发展有裨益，但其局限性也明显，因为 Wos 收录来源期刊尽管权威，可是权威不代表全面。如果将调查范围扩大，覆盖更多的翻译研究国际期刊（主要工作语言以英语为主，兼及少量法语、德语刊物），发现是否会与前人不同？

2 研究设计

本文研究设计包括研究对象、数据来源、研究方法三部分。

2.1 研究对象

本文的研究对象为国际翻译学期刊（以英语为主要工作语言，兼及少量法语、德语刊物）近五年内发表的研究亚洲翻译的文章，或者是亚洲学者撰写的翻译研究的研究性文章[①]（不包括采访、圆桌对话、回应、书评、会议综述和编辑部通信等）。翻译学西方中心主义的主要体现便在于 SSCI（Social Science Citation Index）和 A&HCI（Arts & Humanities Citation Index）的来源期刊多为西方国家的学术机构发行，且入选上述索引目录的决定权也在西方世界。所以，为更加全面客观地反映亚洲国家与地区在过去五年内翻译学的进展，本文在关注前两类期刊的同时，也将部分有区域影响力的英语期刊纳入考察范围。

[①] 部分翻译学期刊客座主编在每期开始介绍性的文章，若学术性较强则纳入本文统计范围，若整体上以介绍当期文章为主，则排除在外；由于所统计期刊网络首发文章模式不统一，所以本文对刊期未定但已经发布的文章（latest articles）也不纳入统计范围。

2.2 数据来源

翻译学研究两大权威数据库 John Benjamins 电子期刊数据库和 Taylor & Francis 人文社会科学期刊数据库及部分翻译研究国际期刊官网主页为本研究数据来源之一。本文同时充分利用比利时天主教鲁汶大学（KU Leuven），欧洲翻译研究协会（European Society for Translation Studies），约翰·本杰明出版公司（John Benjamins Publishing Company），爱沙尼亚塔尔图大学（University of Tartu）及广西大学联合开发的翻译学研究参考书目数据库（Translation Studies Bibliography，简称 TSB）[①]，对检索结果进行多重交叉检验。本文还将部分有区域影响力的翻译研究期刊也纳入调查范围，调查涵盖 28 种国际翻译研究期刊。相关文章统计时间为 2018 年至今（2023 年 2 月 10 日）。具体期刊名称与相关信息，详见附录表 1。

2.3 研究方法

本文在搜索与亚洲翻译研究的文章时，主要通过关键词搜索与手工筛选作者来源机构及文章研究主题相结合的方法，在上述几个数据库交叉搜索，并结合初步搜索结果，在 28[②] 个国际翻译研究期刊主页进一步核对相关信息，确保统计到关键词检索命中不了的文章。在共计 2507 篇文章中交叉筛选与提取出相关文献 908 篇，建成了满足本项研究的小型数据库。为保证数据的精确性、核对与更新数据的便捷性，对于每种期刊均建立对应文件夹，文件夹内包括命名为"全文"的二级文件夹

---

① https://benjamins.com/online/tsb/，最后访问日期 2023 年 2 月 10 日，在该数据库中检索到的博士论文摘要本文亦不纳入考察范围，因为已经通过答辩的部分优秀博士论文的修订版成书出版速度很快。

② 这 28 家国际翻译研究期刊均为同行匿名评审，刊发文章质量有保障的期刊。

及命名为"期刊信息统计表[①]"和"文章元信息[②]"的两个 Microsoft Word 文档。

对调查的 28 本期刊在过去五年发表的文章总数量及亚洲翻译研究文章数量的调查与统计可以借助建立的 28 个期刊信息统计表来完成。而对于进一步的细化统计分析，本文依托了人文社科研究领域使用率较高的 Nvivo 质性研究软件。本文将 28 本期刊中筛选出来的 908 篇文章的元信息汇总命名为 Dataset 的文档，共计 200709 字（英语）。将该文档导入质性研究工具 Nvivo 12 Pro 版本，就每一篇文章的作者数量（Author Numbers）、核心研究要求（Core Research Demands）、作者所属机构及国家（Authors' Affiliations and their Countries）、研究主题聚类（Research Themes in Clusters）进行多级编码。基于对上述 908 篇文章的多级编码，最终结果显示，作者所属机构及国家子集共包括 499 个节点（Nodes），对应的总共提及频次（Reference）为 1266 次，即上述文章分属 499 个不同国家与地区的科研机构，其总共出现频次为 1266 次[③]。下文以本部分介绍的两种统计方法的统计结果为基础，展开系列分析。

3 统计结果分析

本文对所统计的 28 本国际翻译研究期刊从每年发表总文章数量与亚洲翻译研究相关文章数量，亚洲各区域表现，亚洲内部各国家表现，亚洲的贡献科研机构及亚洲以外的国家表现五个层面进行统计与分析。

[①] 期刊信息统计表示例见附录表 2。
[②] 文本所指文章元信息包括：文章发表期刊名称，发表年度与期数，页码，文章标题，作者，作者工作单位及国籍，文章摘要，文章关键词。
[③] 由于多个学者联合署名的现象十分普遍，并且对于如何衡量同一文章中作者具体贡献比例尚无公认准则，所以本文在统计机构时，若几位作者属于同一机构，则该机构只计 1 次，若一篇文章署名多个机构，则每个机构都计入统计 1 次。为统计方便起见，本文对每篇文章的贡献作者及作者机构、所属国家都做统计，所以最终统计结果可能会有一定外溢。908 篇文章中所有研究机构的出现总频次为 1266 次，所以统计外溢系数约为 1.3943，图 1、图 9、图 10、图 11 不涉及统计外溢问题，敬请读者周知。

3.1 发表文章数量整体概览

本文先行对所统计的 28 本国际翻译研究期刊在过去五年中每年发表总文章数量与亚洲翻译研究相关数量进行对比研究，统计结果见图 1。

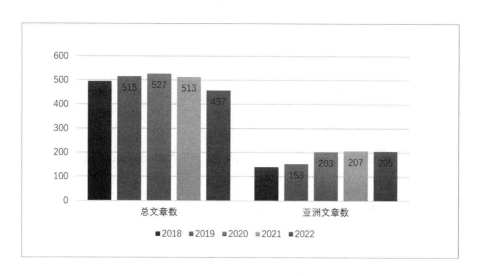

图 1 过去 5 年（2018—2022 年）28 本期刊每年发表总文章数量与亚洲翻译研究相关数量柱状统计图

由图 1 可知，在过去五年中，纳入统计的 28 本国际翻译研究期刊发表的文章总数整体上在较大基数之上稳步增长，在 2021 年稍有回落。2022 年，由于少量的期刊还没有对全年文章完成更新或者是数据库与期刊官网完全没有发布该年的文章信息，导致 2022 年数据不完整。尽管个别期刊会有关注角度、发表栏目、发表文章数量上的巨变，个别期刊甚至停刊又复刊，但是这 28 本期刊发表文章的总数整体上已趋于稳定，保持在 500 篇上下，也就是平均每家期刊发表文章 18 篇左右。而聚焦亚洲翻译的文章在 2018 年和 2019 年分别刊发 140 篇与 153 篇，2020 年猛增到 203 篇，2021 年继续增长到 207 篇。

3.2 亚洲内部区域数据分析

在中国大百科全书第二版第 25 卷（2009：530）的亚洲词条中，亚洲有 48 个独立政区单位（国家），分属 7 个地理区：

表1　亚洲七大地理区及其所包涵国家

地理区名称	包含国家
① 东亚	中国、蒙古、朝鲜、韩国和日本
② 东南亚	越南、老挝、柬埔寨、泰国、缅甸、马来西亚、新加坡、文莱、菲律宾、印度尼西亚和东帝汶
③ 南亚	尼泊尔、不丹、孟加拉国、印度、巴基斯坦、斯里兰卡和马尔代夫
④ 西亚	阿富汗、伊朗、伊拉克、科威特、沙特阿拉伯、巴林、卡塔尔、阿拉伯联合酋长国、阿曼、也门、叙利亚、黎巴嫩、约旦、巴勒斯坦、以色列、塞浦路斯[①]和土耳其
⑤ 中亚	哈萨克斯坦、吉尔吉斯斯坦、乌兹别克斯坦、塔吉克斯坦和土库曼斯坦
⑥ 外高加索	亚美尼亚、格鲁吉亚和阿塞拜疆
⑦ 北亚[②]	俄罗斯西伯利亚和远东地区

如果对亚洲的翻译研究现状按照区域来衡量，其图景如何？下一页的图 2 可以非常好地回答这一问题。

---

① 塞浦路斯虽在地缘上为亚洲国家，但一般将之视为欧洲国家，但是本文依然将研究塞浦路斯的翻译及塞浦路斯学者撰写的翻译研究文章纳入统计范围。
② 俄罗斯传统上被视为欧洲国家，所以本文未将研究俄罗斯翻译及俄罗斯学者撰写的文章纳入亚洲的统计范围。

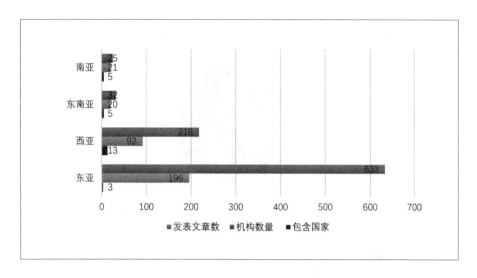

图 2　过去 5 年（2018—2022 年）亚洲内部区域翻译研究发展柱状统计图

由图 2 可知，整体而言亚洲翻译研究在过去的 5 年中发展迅猛，以地理区而论，东亚的翻译研究最为发达，西亚次之，然后为东南亚、南亚。部分亚洲区域内国家由于翻译学学科制度化（institutionalization）进程较慢，与国际翻译研究界接轨程度不同，导致这些国家的翻译研究成果不见于国际翻译研究期刊。具体而言，东亚的蒙古与朝鲜缺席；西亚的阿富汗、伊拉克、巴林和叙利亚缺席；中亚五国和外高加索三国缺席；南亚的不丹、马尔代夫缺席；东南亚的老挝、柬埔寨、缅甸、文莱及菲律宾缺席。

3.3　国家层面数据分析

对统计出的 499 个学术机构按照发表文章数量的多少及所属国家进行进一步细化分析，先以国家为单位，汇总出了各国在过去 5 年中发表文章的总数据。最终统计结果以图 3 与图 4 的形式展现。图 3 与图 4 分工不同，图 3 以饼状图的形式，直观明了地呈现亚洲各国的贡献程度的大小。而各国具体参与贡献的机构数量与发表文章数量则以柱状图在图 4 中呈现。

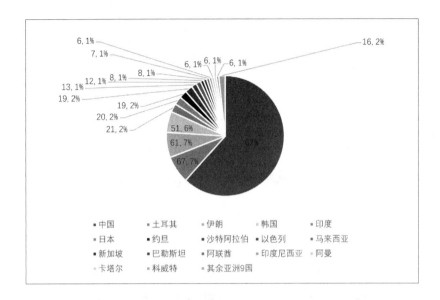

图 3 过去 5 年（2018—2022 年）亚洲各国文章发表数量饼状图

第一个饼状图直观明了地呈现出在过去 5 年中，亚洲各国在国际翻译研究期刊发表的文章数量在亚洲整体产出中所占比例。由该图可知，中国的学术机构占比高达 62%，贡献超过亚洲其余 25 国发表文章的总和。图 3 以在过去五年发表文章为 6 篇为统计下限，为统计方便，其余 9[①] 个国家的数据因为过小而不再分别在饼状图中出现，它们的文章发表数据汇总为"其余亚洲 9 国"绘入上图。图 4 亦同。

尽管图 3 与图 4 呈现统计数据的格式不同，但是这两个表中凸显出的共同信息就是在过去 5 年中，中国[②] 以发表翻译研究文章之多与参与贡献科研机构之众，在亚洲独占鳌头。鉴于中国发表文章与参与贡献的科研机构基数过大，其余亚洲国家的贡献程度在图 3 与图 4 中不明显，我们在明确指出中国独占亚洲翻译研究文章多半的基础上，专辟一图，对亚洲域内其余国家的贡献进行比较，见图 5。

[①] 按照发表文章数量由高到低排列，这 9 个国家分别是：黎巴嫩（4），越南（4），泰国（2），巴基斯坦（1），孟加拉国（1），尼泊尔（1），塞浦路斯（1），斯里兰卡（1），也门（1）。

[②] 本文在统计时，将香港特别行政区与澳门特别行政区及台湾地区的科研机构产出的文章均汇总到中国名下。

亚洲翻译研究：现状与展望

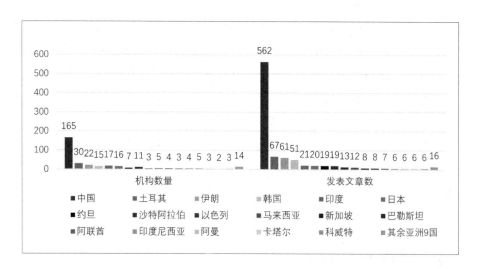

图 4　过去 5 年（2018—2022 年）各国发表文章与贡献机构数量柱状图

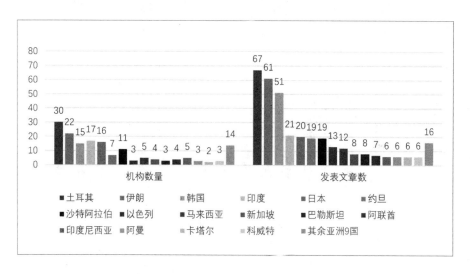

图 5　过去 5 年（2018—2022 年）除中国外亚洲各国文章贡献科研机构及各国发表数量状图

由图 5 可知，从翻译研究的国际期刊发表文章数量观之，中国之外，土耳其的翻译研究最为发达，伊朗次之，韩国紧随其后，而且伊朗的翻译研究学科发展水平甚至比东亚的韩国和日本、南亚的印度都要高，这是本文的新发现之一。印度、日本、约旦的翻译研究基本处于同一水平。以约旦、沙特阿拉伯和以色列为代表的西亚国家表现也较为抢眼，但光从发表文章数量上看，前两国的翻译研究水平已经超过了现代翻译研究重镇之一的以色列。翻译学泰斗级学者佐哈（Zohar）与图里（Toury）均为以色列国籍的学者，翻译研究著名国际期刊《目标》（*Target*）也是在以色列创刊。马来西亚的翻译研究发展水平高于新加坡与印度尼西亚。国际知名的学术出版机构斯普林格出版社（Springer）便位于新加坡，并且此出版社出版了大量翻译研究专著与编著。所以以发表国际期刊文章的指标观之，新加坡的翻译研究相对落后。当然，其中的客观因素便是以关诗珮、崔峰等为代表的新加坡籍知名翻译研究学者的研究成果多以汉语发表。

3.4 亚洲内部贡献科研机构

在从亚洲区域内及国家层面对统计数据进行分析后，我们将调查范围收缩到每个国家具体的科研机构上，统计结果见图6。

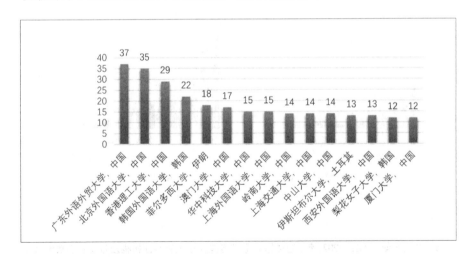

图 6　过去 5 年（2018—2022 年）发表文章前 15 名的机构及所属国家统计图

由图 6 可知，在过去 5 年发表文章前 15 名的研究机构中，仅中国便有 10 家机构入选，它们分别是：广东外语外贸大学，北京外国语大学，香港理工大学，澳门大学，华中科技大学，上海外国语大学，岭南大学，上海交通大学，中山大学，西安外国语大学和厦门大学。韩国有2家大学入选，伊朗与土耳其各1家。所以中国在亚洲翻译研究领域的领先地位亦十分明显。对中国的科研机构做进一步的统计，结果见图7。

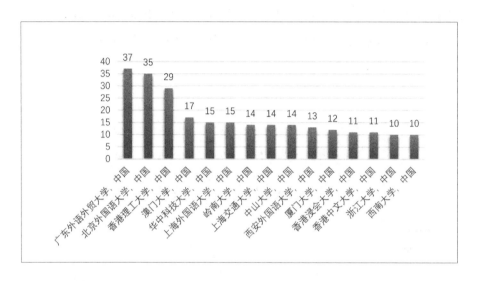

图7 过去5年（2018—2022年）发表文章前15名的中国研究机构统计图

在排名前15位的大学中，广东外语外贸大学与北京外国语大学分别占据第一名与第二名的位置。香港特别行政区的四所大学——香港理工大学、岭南大学、香港中文大学、香港浸会大学因翻译研究起步较早，所以表现依然强势。上图还显示澳门大学的翻译研究在国内高校属于前沿地位。我国台湾地区也有几所科研机构有研究成果刊发，但发表数量未能排入前15名。在发表文章排名前15位的大学中，大陆的高校占三分之二，而且大陆的高校排名靠前者不在少数。这说明在过去5年中，与港澳传统的翻译研究重镇相比，中国大陆的翻译研究在数量与质量上都取得了长足的进步，发展态势喜人。就发表数量而言，已经超过了部分港澳院校。

3.5 亚洲翻译研究，不止在亚洲

上文指出，本项研究以世界范围内28本同行评审期刊为调查目标，统计在这些期刊中过去5年中发表亚洲翻译研究的文章。最终的统计结果为908篇文章,但产出这些文章的科研机构的统计总频次为1266次。亚洲的国家与地区占908次,剩余358次包括世界范围内的28个国家的科研机构以及12位无明确所属科研机构的独立学者(Independent Scholars)。此统计结果说明亚洲翻译研究在世界范围内同样繁盛,具体数据见图8。

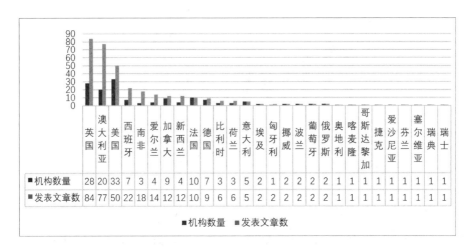

图8 过去5年(2018—2022年)亚洲以外世界各国发表
亚洲翻译文章的机构及其所属国家统计图

由上图可知,以英语为母语的英国、澳大利亚、美国是海外产出亚洲翻译研究文章的前三大国,西班牙、南非、爱尔兰、加拿大、新西兰紧随其后;主要欧洲国家如法国、德国、意大利、葡萄牙均有贡献;现代翻译研究学科的起源地,部分欧洲低地国家,如比利时、荷兰也有产出。出现亚洲翻译研究辐射范围在亚洲之外的主要原因有五个:第一是中国背景的学者赴国外攻读博士学位,他们独自或者是与导师合撰的文章会署相应大学的名字,如澳大利亚墨尔本大学因为Anthony Pym指导部分中国博士,所以他们的一些研究中国翻译现象的文章也纳入了本文的考察范围;第二是部分中国学者出国访学;第三是部分华裔学者执教海外,如英国利兹大学的王斌华与杜伦大学的郑冰寒;第四是中国大学全职或者是引进的兼职国外翻译研究知名学者会在文章中署所在中国机构的名称,如翻译研究界著名高产学者 Douglas Robinson 在香港浸会大学全职任教多年，翻译研究知名期刊 Perspectives 现任主编 Roberto A. Valdeón 就在两所中国大学做客座教授；第五便是部分国外学者因为研究兴趣，自发研究亚洲翻译。

4 研究话题分析

前文基于相关期刊文章对亚洲翻译研究现状按照亚洲内部区域、亚洲国家、各国参与贡献的科研机构以及亚洲之外国家产出的亚洲翻译研究相关文章进行统计、图表化呈现及相应描述与解释。本节旨在通过统计、呈现、描述具体的研究热点，以期对未来的研究趋势做出判断。本文将每一篇文章的题目、摘要、关键词都纳入考察，使用质性研究工具 Nvivo 12 Pro 版本对 28 本期刊中筛选出来的 908 篇文章的元信息汇总命名为 Dataset 的文档，其容量为 200709 字（英语），进行所有文章的研究主题聚类（Research Themes in Clusters）分析。具体而言，先对每篇文章元信息中涉及其核心研究主题的关键短语以及给出的关键词作为节点进行开放式编码，然后在全部编码程序完成之后对高频节点来进行频次统计与排序。对于没有关键词的部分文章，则由本文作者综合考察题目、摘要、正文后给每篇文章列出适当个数的关键词。

4.1 亚洲翻译研究关注的热点

对确定在考察范围内的 908 篇文章的研究主题进行开放式编码，得到 2448 个节点（即 2488 个关键词），其总共出现频次为 3451 次。图 9 展示的是排名为前 30 的高频关键词。为了保证对研究关注热点分析的准确性与代表性，研究在 Nvivo 12 Pro 软件中对排名前 317 位（计入统计范围的下限出现频次为 2 次）的高频关键词再次进行由下至上的扎根编码。该 317 个关键词的总共出现频次为 1320 次，占全部 2488 个节点出现频次的 38.25%，所以选取的高频词样本比例够高，足以反映研究热点。为确保聚类的准确性与代表性，本文在综合判别各子节点性质与类属后最终确定了 15 个研究主题聚类，见图 10。

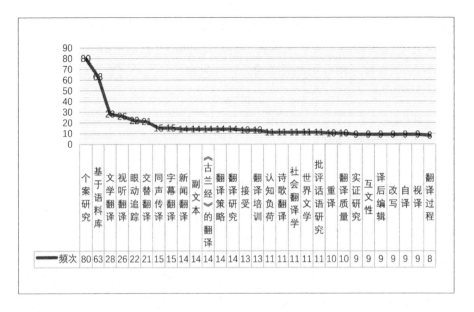

图9 过去5年（2018—2022年）亚洲翻译研究文章中
出现的前30位高频词及其频次统计图

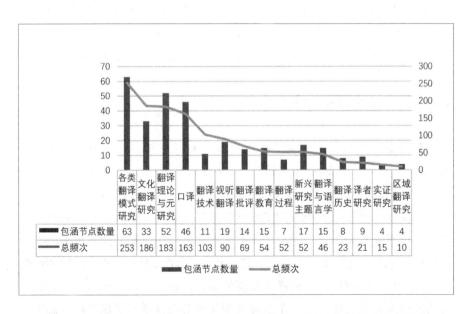

图10 过去5年（2018—2022年）亚洲翻译研究文章中的研究热点主题聚类

下文结合图 9 与图 10，例举具体的文章对研究热点进行阐释说明。

在 15 个研究热点聚类中，各类翻译模式研究以 63 个节点，总出现频次为 253 次高居首位。而文学翻译、新闻翻译、《古兰经》翻译、诗歌翻译、世界文学为 63 个节点中的前 5 位高频词。该聚类还包涵间接翻译、符际翻译、机构翻译、合作翻译、医学翻译、非职业翻译、旅游翻译、广告翻译、社区翻译等关键词。本文将部分更为新颖的研究话题纳入新兴研究主题类团进行统计，其中包括行动主义翻译、档案研究、双语主义、多语主义、翻译方向性、翻译与发展、博物馆翻译、风险管理、创译等 17 个子节点。本文将主要以个案研究为研究方法的文化学派翻译研究纳入文化翻译研究类团，该聚类包括以个案研究、接受、改写、异化、意识形态、审查机制、文化翻译、操纵、诗学、赞助人等高频词为代表的 33 个节点。在翻译理论与元研究聚类中包含 51 个子节点，理论研究高频关键词包括副文本、社会翻译学、重译、不可译性、女性翻译、关联理论、叙述理论等；元研究高频关键词有文献分析、内容分析、共词分析、量化分析、最新进展、研究主体、社会网络分析、口笔译研究趋势等关键词。在前三个偏质性研究与描述翻译研究的类团之后，偏量化与实证的翻译研究包括口译、翻译技术、视听翻译、翻译批评、翻译教育、翻译过程、翻译与语言学等 7 个类团，此现象也反映了量化与实证翻译研究在学科内部的异军突起。实证研究类团规模小的原因是本文在统计时将大量实证研究统计到反映文章属性更为明确的类团中，本文的统计方法基于关键词出现的频率，而大量实证研究的文章中只相应出现了具体的实证研究手段，而未出现上位形容词实证（empirical）一词。翻译历史、译者研究、区域翻译研究由于受原始研究资料的限制及地域特色的限制，所以类团规模尚小。

4.2 核心研究要求分析

本文在对上文提及的 Dataset 编码时，设置了核心研究要求（Core Research Demands）的母节点，其下包括 4 个子节点：研究方法（无），研究方法（有），研究目的，研究问题。在纳入研究范围的 908 篇文章中，有 174 篇文章完全缺失对研究方法的介绍与说明。而在 735 篇有说明研究方法的文章中，明确指出所采用的研究方法的文章尽管占比较高，仍然有部分文章未明确说明其主要研究方法及文章内部的细化研究方法，需要在研究者对文章的摘要与内容多次阅读后才能判断其真实采用的研究方法。本文在检视908篇文章的过程中，发现了数目可观的文章不能区分整体研究方法以及具体操作步骤的情况，甚至在研究方法部分介绍文章的论证结构。文章研究方法的表述含混，在全文中研究方法较难识别，以及使用的研究方法跳跃度大在以个案研究为主的质性研究文章中非常显著。部分使用对照小组及小规模实验法的口笔译质量测评、译者能力探索、翻译过程研究等实证型文章存在以介绍研究步骤代替说明研究方法的现象。上述表现共同说明的问题是过去5年中亚洲研究课题的部分研究者出于各种原因，研究方法意识仍然有待提升。

张奂瑶、马会娟（2016：87）指出，在翻译研究的中国现当代文学作品英译研究的热点课题中，从部分期刊文章、博士论文到图书专著在研究方法上都存在着"质化研究居多""许多实证研究方法的应用范围狭窄"以及"描述研究方法不够严谨"的弊病。穆雷、王巍巍、许艺（2016：106）分析了1997至2014年中国口译博士论文存在的问题，首先指出的便是"研究方法认识不清"。张威、刘宇波（2021：96）指出，中国口译研究者在未来需要"确保研究方法的规范性和一致性"。本文在亚洲翻译研究相关文章中发现的研究方法缺失及对研究方法认识不足、表述不清的问题说明，研究方法在亚洲翻译研究的整体范畴内仍需持久及深入地集体探索，以便逐渐达成学科内部共识，促进翻译研究的更高质量的发展。

关于研究目的和研究问题，调查的908篇文章中明确以陈述句式指出研究目的的占有767篇，而以问句形式给出研究问题的有157篇，此次出现两者相加超过908篇的统计篇目的原因是有较少量的文章既有研究目的，又有研究问题，研究目的用作整体宏观介绍文章主要关切，并进一步以提出研究问题的方式具化和分解研究目的。因为本文纳入研究范围的文章源于28本同行评审的国际及区域内知名期刊，所以统计结果说明至少在研究性文章的范围内，翻译研究已经摆脱了其学科发展早期随感式、点评式以及札记式的不规范研究范式，在学科内部范围内已经牢固确立了研究的问题意识。

5 未来研究趋势展望

在对过去5年中28本同行评审的高质量国际翻译研究期刊中刊发的908篇文章的关注热点及研究核心要求进行分析讨论之后，下文将结合统计所得数据，对未来亚洲翻译研究的动态与趋势做出研判与预测。

5.1 研究对象：凸显区域特色，耦合理论实践

无论是研究对象还是研究内容，亚洲不同地区的翻译研究成果都具有浓厚的地域色彩。在世界范围内的翻译研究亦是如此，西方古代译论与基督教经典《圣经》的跨国家、跨语言的翻译密不可分，即便是现代翻译学的诞生，美国圣经协会的奈达博士仍然功不可没。亚洲各国历史文化渊源深厚且影响持久，中国古代译论发端于佛经翻译，而阿拉伯地区的古代译论与现代翻译学研究均与伊斯兰教经典《古兰经》的翻译密不可分。《古兰经》的翻译作为出现频次高达14次的关键词在图9的高频关键词表中非常显目。高频词表前4位个案研究、基于语料库、文学翻译、视听翻译均是以在相关国家地区的文学经典、应用文本以及文本的多模态改编、翻译、创作为关注焦点。Anthony Pym表示，"在中国，翻译研究有巨大的发展潜力，可以用全新的方法解决完全不同的新问题"（马会娟、闫雪芹，2021：87）。"研究者需要体察本国的环境，关注相关政策，把握问题的关键点"（同上）。中国的翻译研究如此，亚洲地区的翻译研究亦是如此。所以本文认为长远来看，对地域及国家内部的各种翻译现象的关注与研究仍会是口笔译研究者的重心。

在继续彰显区域特色之外，对实践的维度关注则会是未来口笔译研究者的重要研究方向。回溯现代翻译研究最有影响的几派理论，如奈达的对等理论、德国的功能学派的目的论、以色列的多元系统理论，均是结合研究者所处国家及地区的翻译历史与现实实践和研究者的个人实践探索总结出来的理论升华。在21世纪20年代，尽管口笔译研究和其余人文学科

有类似的发展趋向,即大理论时代一去不复返,但是口笔译研究内部在近年的诸多新议题均与实践联系密切,如翻译政策(Núñez, 2016; Núñez & Meylaerts, 2017)、文本发生学(管兴忠、李佳,2021; Nunes et al., 2022)、认知翻译研究(王寅,2014;谭业升,2021)以及中国学者自创的变译理论(黄忠廉,1999、2002),国家翻译实践(任东升,2019;任东升、高玉霞,2023),译者行为批评(周领顺,2019;傅敬民,2019)。学科发展成熟的标志之一便是学科内部子议题的不断涌现及相关科研成果的大量积累。当下的口笔译研究者从生活实践抽象与提炼研究概念及议题的能力在不断增强,通过个别学者的较长时间的追踪研究,产生一定科研成果之后便会吸引学界的注意,经过系列专题研讨会及学术刊物专栏的讨论,该议题便会成为学科内部的新兴研究点。

5.2 研究方法:量化质性结合,方法明确得当

本文基于对 28 本同行评审的翻译研究国际期刊中刊发的 908 篇亚洲翻译研究文章的分析研究,指出亚洲研究课题的部分研究者出于各种原因,研究方法意识仍然有待提升。翻译研究自其诞生之日起,跨学科的色彩便十分浓厚,翻译研究尤受现代语言学的影响。最初翻译研究中对研究方法最为重视与强调的是探索译者大脑"黑匣子"的翻译过程研究,代表性的研究方法 Think-aloud Protocol(TAP)风靡一时。国内外机器翻译技术的方兴未艾、自然语言处理技术的不断进步、人工智能深度学习系统的更新与迭代都对口笔译研究产生了广泛而深刻的影响。新兴的计算机辅助翻译工具、量化与质性研究工具在处理材料的规模与效率方面不断赋能研究者,实证主义口笔译研究在翻译研究中的占比也越来越大。这些趋势促使学界对传统的翻译研究提出了更高的要求,即以个案研究、抽样调查为主要研究方式的描述翻译研究也需要明确研究方法,确保研究逻辑的严密性与最终结论的可靠性,同时还要保证研究样本的多样性、规模性、代表性。所以,设定明确的研究问题,以一定的技术手段获取研究数据,再以量化方式所得数据为基础进行质性思辨的混合研究模式在下一阶段的口笔译研究中会成为研究的主流。

5.3 研究模式：独立研究主导，团队合作普遍

本文还将908篇文章的署名作者数量纳入调查范围，设置了作者数量母节点与五个子节点，统计结果见图11：

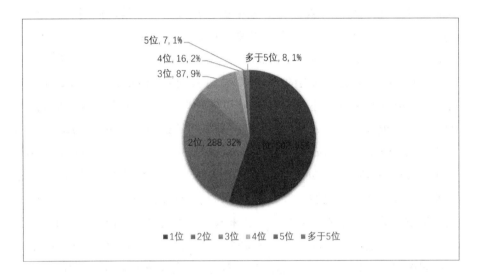

图11 过去5年（2018—2022年）28本期刊发表的908篇亚洲翻译研究文章中文章署名作者数量统计图

由上图可知，在2018年到2022年的过去5年间发表的908篇亚洲翻译研究的文章中，独作文章占比高达55%，共计502篇，剩余406篇文章均以两位及两位以上研究者合署的形式发表。在口笔译研究中，关注机器翻译及实证研究的文章合撰作者超过5位的情况非常常见（Mneimneh et al., 2018; Gupta et al., 2021）。本文预计，合作研究在国内外经过一段时期的发展之后，会超越独立研究的模式。一方面，不管是国内外口笔译研究领域，研究者均在科研机构的相关科研团队或者是项目中从事研究。另一方面，随着口笔译研究的进一步发展，学界对科研成果从研究内容到研究方法、研究难度及精确性、研究规模上的要求不断提高。在同质化传统研究成果日益饱和的情况下，每位研究者的科研技能与能力只有在团队合作

中能发挥最大的优势。

5.4 学术平台：国际期刊涌现，期刊专著开源

亚洲翻译研究的现状便是研究产出占翻译学国际学术期刊的三分之一。此学术现状与部分亚洲国家如中国、韩国、土耳其、伊朗的翻译研究学者的努力密不可分。不少已经享有区域影响力的期刊均为亚洲国家或者地区主办，如中国的 *Asia Pacific Translation and Intercultural Studies*、*Translation Quarterly*，韩国的 *Forum*，土耳其的 *Istanbul University Journal of Translation Studies*。还有一部分新刊物也在近一两年内创建，如北外的 *Interpreting and Society*，上外的 *Corpus-based Studies Across Humanities*，英国的 *Translation in Society* 和 *International Journal of Chinese and English Translation and Interpreting*。这些国家的学术机构出版的翻译学国际期刊对亚洲地区的翻译研究的支持力度大，刊发文章多，是促进亚洲翻译研究进一步发展的坚实学术交流平台。在未来亚洲各地区及各国家的口笔译研究的学术平台建设上，推动国际专业学术期刊的建设能显著促进相应地区和国家的口笔译研究的高质量发展。在逐渐形成区域影响力的作用下，可以助推本国学者及其学术研究成果走向国际，并且可以依托常设栏目及专号、特刊推进亚洲翻译研究特定议题的国际讨论。中国几种翻译类 CSSCI 索引期刊及各大外语类研究期刊在常设的口笔译研究专栏之外已经开始探索特约专栏。但上述期刊在特定专题的期刊专号或特刊方面探索有限。北外学术期刊方阵中的《翻译界》期刊在 2019 年第八期推出"视听翻译研究"专刊，2020 年第十期推出"中国典籍翻译"专刊，广受学界好评。张威、刘宇波（2021：93）对 SSCI 收录期刊的口译特刊主题进行研究与个案讨论。

在近年新创建的口笔译研究国际学术期刊中，由学者队伍负责编辑部运营，实行同行制度，并将最终发表的文章设置为开放资源免费获取的方式越来越受学界青睐。最早的开源出版 [open access（OA）publishing] 学术期刊早在 1990 年便出现（转引自 Aixelá et al., 2021）。Aixelá et al.（2021）依托西班牙阿利坎特大学（University of Alicante）运营的翻译

研究开源数据库 Bibliography of Interpreting and Translation（BITRA），调查了从 1965 到 2018 年中超过 21000 篇的开源出版期刊，也发现开源期刊在翻译研究整体产出科研成果中的占比不断增加。根据西班牙巴塞罗那自治大学口笔译及东亚研究中心（Department of Translation and Interpreting & East Asian Studies）的统计[①]，截至 2023 年，在主流大型学术资源库收录目录之外，口笔译研究还有 273 本区域性及国际期刊，其中 152 种均为开源期刊。随着后疫情时代在学术交流方式层面发生的各种深刻变革与学术成果跨区域及跨国的加速流动，包括研究专著、期刊文章、会议论文集在内的开放学术资源在促进口笔译研究国际化及去欧洲中心化的过程中会发挥更加重要的作用。

6 结语

本文统计了 28 种翻译学国际期刊在过去五年中的发表亚洲翻译研究相关文章期刊，共获取文章 2328 篇，其中研究亚洲翻译及亚洲学者撰写的文章为 908 篇，约占统计总数的 35.74%。

在研究内容上，本文在国内外口笔译研究频繁研究的 14 本 SSCI 与 A&HCI 索引期刊的基础之上，结合学术期刊的多样性、代表性及区域影响力，将另外 14 种同行评审期刊一并纳入考察范围。本文主要依托人文社科研究中使用率较高的质性研究工具 Nvivo12 Pro 版本，从发表文章数量整体概览、亚洲内部区域、国家、亚洲内部贡献科研机构、亚洲以外国家等五个层次进行统计与分析、将统计数据导入 Excel 软件绘制统计图，并做进一步分析与思辨。在宏观分析之后，本文在研究话题分析部分依然借助 Nvivo 软件制作翻译研究热点的高频关键词表及对研究聚类进行由下到上的扎根分析。研究发现亚洲翻译研究整体热度在不断攀升，在统计的 28 种国际期刊每年发表平均发表文章数量为 500 篇左右的前提下，亚洲翻译研究的文章数量从 2018 年到 2022 年一直在稳定上升，从

[①] https://www.bib.uab.cat/human/acreditacions/planes/publiques/revistes/revistesaccesobertetieng.php?area=eti&menuidioma=eng，最后获取时间 2023/02/15。

2018 年的 140 篇上升到了 2020 年的 203 篇，2021 年的 207 篇，2022 年的 205 篇（2022 年还有不少期刊未发布完当年的文章）。不论是在研究课题还是科研产出的数量上，亚洲翻译研究已经成了国际翻译研究的重要组成部分。在对 6 种 SSCI 索引收录的翻译研究期刊从 2008 年至 2012 发表的文章进行分析之后，李红满（2014：26）指出"英美等国家仍然以绝对优势主导着翻译学研究的话语权"。两年后，基于对五种翻译研究国际期刊从创刊到 2014 年刊发文章的研究，方梦之（2016：64）认为尽管从 21 世纪开始中国的翻译研究整体上在崛起，但"我国的翻译研究在研究水准、理论创新等方面，与先进国家尚有差距"。经过了不到 10 年的努力，不管是从翻译研究的话语权还是研究水准层面，亚洲翻译研究已经是国际翻译研究的热门话题，研究成果毫无疑问代表了国际水准。而中国的翻译研究以其参与的科研机构数量之众、科研产出数量和质量之高，高居亚洲翻译研究的龙头位置。

在研究方法上，本文通过亚洲翻译研究在过去 5 年中的发展现状的研究课题，探索如何在研究对象空间散布较广和时间跨度较大的情况下，整合主流翻译研究数据库期刊及各开源翻译研究期刊资源进行文献梳理。本文进一步探索出了在翻译研究领域，当目标期刊未收录在以 Wos 或者是以 EBSCOhost 为代表的大型主流学术资源数据库期刊，导致研究者不能经由从学术资源平台选定参数一键导出元信息，以探索在一定年限内发表文章总数和研究主题及趋势情况之下的具体研究路径。本文展示了研究者可以通过自行研制期刊信息统计表（见附录 2）的方式初步对目标期刊进行宏观层面的调查与描述。当研究需要进一步细化时，研究者也可以使用本文所采用的制作包涵全部目标期刊文章元信息的数据集（Dataset），导入质性研究软件 Nvivo 或者是类似的质性研究软件，设置好调查统计的参数，进行多级的开放式编码。如此操作，研究者也可以研制出满足其科研需要的针对某项研究的高频词汇表，再依据扎根理论自下而上探索研究主题聚类，便可以依据采集好的数据进行进一步质性分析与思辨。而且 Nvivo 质性研究软件的一大优势便是研究者可以根据需要自行定义每一个新节点的长度，编码文本可以为多语种文本信息。如此一来也免去了制作文章元信息语料库时需要面对的多语种文本分词和清洗问题，可以最大程度上减少数据集中的关键信息在文本清洗阶段的流失，研究者也不需要面对语料库研究路径在探索高频短语时需要手动检索的问题。当下文献综述研究的主流工具 Citespace 和 Vosviewer 均存在只兼容部分数据库而从根本上导致了翻译研究综述性文章在调查期刊范围时的局限性以及研究产出的同质性与研究样本的有限性。本文使用的基于 Nvivo 开放式编码统计的组合研究方法可以规避这两种常用文献综述软件的问题，满足更加多样化科研需求。

【参考文献】

Ahn, I. K. History and challenges of translation and interpreting in Modern Korea: On the 40th anniversary of The Graduate School of Interpretation & Translation (GSIT) of Hankuk University of Foreign Studies (HUFS) [J]. *Babel*, 2020 (66: 4-5): 550-569.

Aixelá, J. F., Olalla-Soler, C., & Rovira-Esteva, S. Open access in translation studies: A bibliometric overview of its distribution and development [J]. *Translation & Interpreting*, 2021 13 (01): 1-23.

Çalışkan, D., & Kartal, E. A Bibliometric Review of Theses and Dissertations on Translation in Turkey (1985–2020) [J]. *Istanbul University Journal of Translation Studies*, 2021 (15): 35-73.

Cheung, M. & Neather, R. *An Anthology of Chinese Discourse on Translation: Volume 2, From the Late Twelfth Century to 1800* [G]. Routledge, 2016.

Cheung, M., & Lin, W. *An Anthology of Chinese Discourse on Translation: Volume 1, From Earliest Times to the Buddhist Project* [G]. St Jerome Publishing, 2006.

Department of Translation and Interpreting & East Asian Studies, Universitat Autònoma de Barcelona [R/OL]. https://www.bib.uab.cat/human/acreditacions/planes/publiques/revistes/revistesaccesobertetieng.php?area=eti&menuidioma=eng, 2023-02-15.

Gupta, K. K., Sen, S., Haque, R., Ekbal, A., Bhattacharyya, P., & Way, A. Augmenting training data with syntactic phrasal-segments in low-resource neural machine translation [J]. *Machine Translation*, 2021 35 (4): 661-685.

Huang, Q. & Liu, F. (2019). International translation studies from 2014 to 2018: a bibliometric analysis and its implications [J]. *Translation Review*, 2019 (105:1): 34-57.

Jiang, Z. & Tao, Y. Co-word analysis and bibliometric visualization of translation quality literature: research topics and trends in the Chinese mainland (1997–2016) [J]. *Asia Pacific Translation and Intercultural Studies*, 2018 (5:3): 250-265.

Jiménez-Bellver, J. The internationalization of translation studies [A]. E. Bielsa & D. Kapsaskis (eds.). *The Routledge Handbook of Translation and Globalization*, Routledge, 2020: 99-112.

Liu, C. F. M. Translator professionalism in Asia [J]. *Perspectives*, 2021 (29:1): 1-19.

Liu, C. F. M. Translator professionalism: Perspectives from Asian clients [J]. *International Journal of Translation, Interpretation, and Applied Linguistics (IJTIAL)*, 2019 (1:2): 1-13.

Liu, C. F. M. Walking along the same path, or going in different directions? A comparison between the perceptions of translators and clients of translator professionalism in Asia [J]. *The Interpreter and Translator Trainer*, 2022: 1-16.

Mneimneh, Z., Hibben, K. C., Bilal, L., Hyder, S., Shahab, M., Binmuammar, A., & Altwaijri, Y. Probing for sensitivity in translated survey questions: Differences in respondent feedback across cognitive probe types [J]. *Translation and Interpreting*, 2018 (10:2): 73-88.

Nunes, A., Munday, J., Moura, J., & Pinto, M. P. *Genetic Translation Studies: Conflict and Collaboration in Liminal Spaces* (G). Bloomsbury Publishing, 2022.

Núñez, G. G., & Meylaerts, R. *Translation and public policy: Interdisciplinary perspectives and case studies* (G). Taylor & Francis, 2017.

Núñez, G. G., On translation policy [J]. *Target*, 2016 (28:1): 87-109.

Ren, W. & Huang, J. Mapping the structure of interpreting studies in China (1996–

2019) through co-word analysis [J]. *Perspectives*, 2022 (30:2): 224-241.

Ren, W., Guo, C., & Huang, J. A review of 40 years of interpreting research in China (1978–2018) [J]. *Babel*, 2020 (66:1): 1-28.

Shamma, T., Salama-Carr, M., & Baker, M. (G). *Anthology of Arabic Discourse on Translation*. Routledge, 2022.

Translation Studies Bibliography (TSB) [R/OL]. https://benjamins.com/online/tsb/, 2023-02-10.

Tymoczko, M. *Enlarging translation, empowering translators* [M]. Routledge, (2007/2014).

Tymoczko, M. Reconceptualizing translation theory: integrating non-Western thought about translation [A]. T. Hermans (eds). *Translating Others*, Volume one. 2006: 13-32.

Tymoczko, M. Why translators should want to internationalize translation studies[J]. *The Translator*, 2009 (15;2): 401-421.

Van Doorslaer, L., & Flynn, P. *Eurocentrism in translation studies* (Vol. 54) (G). John Benjamins Publishing, 2013.

Van Doorslaer, L., & Naaijkens, T. *The Situatedness of Translation Studies: Temporal and Geographical Dynamics of Theorization* (G). Brill, 2021.

Wang, D. Zhang, X. & Kuo, A. (2020) Researching inter-Asian audiovisual translation [J]. *Perspectives*, 2020 (28:4): 473-486.

Yan, J. Pan, J. Wu, H. & Wang, Y. Mapping interpreting studies: The state of the field based on a database of nine major translation and interpreting journals (2000–2010) (J). *Perspectives*, 2013 (21:3): 446-473.

Zhao, Y. & Ma, H. Mapping translation studies in China based on Holmes / Toury Map [J]. *Forum*, 2019 (17:1): 99-119.

Zhu, X., & Aryadoust, V. A scientometric review of research in Translation Studies in the twenty-first century [J]. *Target*, 2022.

方梦之．当今世界翻译研究的格局——兼论 21 世纪中国翻译研究的崛起［J］．外语教学理论与实践，2016（03）：55–63.

傅敬民．译者行为的自主性和规范化［J］．北京第二外国语学院学报，2019

（02）：46–54.

管兴忠，李佳．它山之石可以攻玉：从文本发生学到翻译发生学［J］．外国语：上海外国语大学学报，2021（06）：103–112.

韩子满．从边缘到中心——浅论西方中心主义与翻译理论建设［J］．四川师范大学学报：社会科学版，2004（01）：87–91.

黄忠廉．变译（翻译变体）论［J］．外语学刊，1999（03）：80–83.

黄忠廉．变译理论［M］．北京：中国对外翻译出版公司，2002.

李红满．国际翻译学研究热点与前沿的可视化分析［J］．中国翻译，2014（02）：21–26+127.

梁林歆，孙迎宾．国际应用翻译研究前沿动态及展望——基于索引期刊 The Journal of Specialised Translation 论文的可视化分析［J］．上海翻译，2021（05）：23–28+95.

马会娟，雷炳浩．翻译学在西方的诞生及展望——朗贝尔教授访谈录［J］．中国翻译，2022（01）：86–92.

马会娟，闫雪芹．翻译研究选题、研究热点及趋势——皮姆教授访谈录［J］．中国外语，2021（06）：82–87.

马会娟．走出"西方中心主义"：基于中国经验的翻译理论研究［J］．上海大学学报：社会科学版，2019（02）：104–113.

穆雷，王巍巍，许艺．中国口译博士论文研究的现状、问题与思考（1997—2014）——以研究主题与方法分析为中心［J］．外国语：上海外国语大学学报，2016（02）：97–109.

曲卫国．剪不断、理还乱的西方中心主义情结——论后殖民翻译理论的局限［J］．山东社会科学，2016（10）：33–38.

任东升，高玉霞．国家翻译学的建构理据［J］．外国语：上海外国语大学学报，2023（01）：77–85.

任东升．国家翻译实践概念体系构建［J］．外语研究，2019（04）：68–73+112.

孙艳，张旭．中国翻译史的海外发声——基于九大国际译学期刊的考察（1955—2020）［J］．上海翻译，2022（01）：53–59+95.

谭业升．认知翻译学对翻译研究的重新定位［J］．中国外语，2021（03）：79–87.

王寅. 认知翻译研究：理论与方法 [J]. 外语与外语教学，2014（02）：1–8.

王昱. 中国译学国际影响力可视化分析（2010—2019）[J]. 上海翻译，2019（06）：29–36.

武光军. 西方译学研究范式的当下转型及其对我国翻译研究国际化的启示 [J]. 外语学刊，2020（06）：86–91.

杨承淑. 亚洲的译者与译史研究：理论与实践 [J]. 长江学术，2021（01）：97–105.

张奂瑶，马会娟. 中国现当代文学英译研究：现状与问题 [J]. 外国语：上海外国语大学学报，2016（06）：82–89.

张威，刘宇波. 国内外口译研究最新进展对比分析——基于 CiteSpace 的文献计量学研究（2015—2019）[J]. 外国语：上海外国语大学学报，2021（02）：86–98.

赵云龙，马会娟，邓萍，艾比拜尔·牙合甫. 中国翻译学研究十五年（2001—2015）：现状与发展新趋势——基于 17 种外语类核心期刊的统计分析 [J]. 中国翻译，2017（01）：11–17+126.

中国大百科全书（第二版）[M]. 北京：中国大百科全书出版社，2009.

周领顺. 译者行为批评的理论问题 [J]. 外国语文，2019（05）：118–123.

附录表 1　数据来源期刊信息表

序号	期刊名称	创刊时间	出版机构	每年出版期数	2018年—2022年刊登文章总数	亚洲翻译文章数量
1	Across Languages and Cultures	1999	Akadémiai Kiadó	2	60	23
2	Asia Pacific Translation and Intercultural Studies	2014	Taylor & Francis	3	85	79
3	Babel	1954	the International Federation of Translators	6	192	95
4	Forum	2003	John Benjamins Publishing Company	2	70	38
5	Interpreting	1996	John Benjamins Publishing Company	2	54	24
6	Istanbul University Journal of Translation Studies	2010（2017—2019停刊，2020年复刊）	Istanbul University Press	2	42	33
7	Linguistica Antverpiensia, New Series–Themes in Translation Studies	2002	University of Antwerp	1	59	20
8	Machine translation	1986	Springer	4	76	21
9	Meta	1966	Les Presses de l'Université de Montréal	3	137	25

序号	期刊名称	创刊时间	出版机构	每年出版期数	2018年—2022年刊登文章总数	亚洲翻译文章数量
10	MonTI	2009	Universidad de Alicante Universitat de València Universitat Jaume I	不定	104	5
11	New Voices in Translation Studies	2005	International Association for Translation and Intercultural Studies; Centre for Translation and Textual Studies (CTTS), Dublin City University	2	49	21
12	Parallèles	1978	the University of Geneva	2	69	14
13	Perspectives	1993	Taylor & Francis	6	277	113
14	Target	1989	John Benjamins Publishing Company	3	93	24
15	The Interpreter and Translator Trainer	2007	Taylor & Francis	4	121	40
16	The Journal of Specialized Translation	2004		2	114	31
17	The Translator	1995	Taylor & Francis	4	113	37
18	Translation, Cognition & Behavior	2018	John Benjamins Publishing Company	2	61	18
19	Translation and Interpreting Studies	2006	John Benjamins Publishing Company	3	97	31

序号	期刊名称	创刊时间	出版机构	每年出版期数	2018年—2022年刊登文章总数	亚洲翻译文章数量
20	*Translation and Literature*	1992	Edinburgh University Press	3	46	9
21	*Translation and Translanguaging in Multilingual Contexts*	2015	John Benjamins Publishing Company	3	79	16
22	*Trans-Kom (Journal of Translation and Technical Communication Research)*	2008	Leona Van Vaerenbergh & Klaus Schubert	2	60	7
23	*Translation Quarterly*	1995	Hong Kong Translation Society	4	92	86
24	*Translation Review*	1978	Taylor & Francis	3	36	22
25	*Translation Spaces*	2012	John Benjamins Publishing Company	2	68	17
26	*Translation Studies*	2018	Taylor & Francis	3	99	26
27	*Translation & Interpreting: The International Journal of Translation and Interpreting Research*	2009	Western Sydney University	2	87	29
28	*TTR*	1988	Association canadienne de traductologie	2	67	5
合计					2507	909

附录表2　期刊信息统计表示例

Journal Name	发表年度	卷数与期数	发表研究文章总数	年度发表文章总数	亚洲翻译研究文章数目	年度发表亚洲翻译文章数
Translation studies	2022	Volume 15, issue 3	5	17	1	9
	2022	Volume 15, issue 2	6		5	
	2022	Volume 15, issue 1	6		3	
	2021	Volume 14, issue 3	5	18	0	9
	2021	Volume 14, issue 2	7		7	
	2021	Volume 14, issue 1	6		2	
	2020	Volume 13, issue 3	7	20	1	4
	2020	Volume 13, issue 2	7		0	
	2020	Volume 13, issue 1	6		3	
	2019	Volume 12, issue 3	6	23	3	4
	2019	Volume 12, issue 2	8		1	
	2019	Volume 12, issue 1	9		0	
	2018	Volume 11, issue 3	8	21	0	0
	2018	Volume 11, issue 2	7		0	
	2018	Volume 11, issue 1	6		0	
合计				99		26